ULRICH BECKER

Das ‚Menschenbild des Grundgesetzes' in der Rechtsprechung des Bundesverfassungsgerichts

AF875029

Schriften zum Öffentlichen Recht

Band 708

Das ‚Menschenbild des Grundgesetzes' in der Rechtsprechung des Bundesverfassungsgerichts

Von

Ulrich Becker

Duncker & Humblot · Berlin

Die Deutsche Bibliothek – CIP-Einheitsaufnahme

Becker, Ulrich:
Das ‚Menschenbild des Grundgesetzes' in der Rechtsprechung des Bundesverfassungsgerichts / von Ulrich Becker. – Berlin : Duncker und Humblot, 1996
(Schriften zum öffentlichen Recht ; Bd. 708)
Zugl.: Freiburg (Breisgau), Univ., Diss., 1994
ISBN 3-428-08853-0
NE: GT

Alle Rechte vorbehalten
© 1996 Duncker & Humblot GmbH, Berlin
Fotoprint: Berliner Buchdruckerei Union GmbH, Berlin
Printed in Germany

ISSN 0582-0200
ISBN 3-428-08853-0

Gedruckt auf alterungsbeständigem (säurefreiem) Papier
entsprechend ISO 9706 ♾

Meinen Eltern

Vorwort

Diese Arbeit hat im Herbst 1994 der Freiburger Juristischen Fakultät als Dissertation vorgelegen. Das Entstehen dieser Abhandlung wurde von Beginn an unterstützt und gefördert von meinem Doktorvater, Herrn Prof. Dr. Thomas Würtenberger, dem an dieser Stelle herzlich gedankt sei.

Die Idee, das Thema der vorliegenden Arbeit zu behandeln, verdanke ich einem Gespräch mit Herrn Prof. Dr. Hasso Hofmann im Frühjahr 1991, der auch den Fortgang der Arbeit mit interessierter Anteilnahme und helfendem Rat begleitet hat. Eine Reihe wichtiger Anregungen habe ich zudem in verschiedenen Gesprächen mit Herrn Prof. Dr. Alexander Hollerbach erhalten. Beiden gilt mein aufrichtiger Dank.

Zu danken habe ich schießlich dem Cusanuswerk, das die Erstellung der vorliegenden Abhandlung mit einem Promotionsstipendium unterstützt hat.

Berlin, im September 1995

Ulrich Becker

Inhaltsverzeichnis

Vierter Teil

Die Menschenbildformel des Bundesverfassungsgerichts: das 'Menschenbild des Grundgesetzes'? 74

Einleitung

Die Frage nach dem Bild des Menschen im Recht und nach der Bedeutung des Menschenbildes für das Recht besitzt eine lange Tradition und hat auch heute nichts von ihrer Aktualität eingebüßt.

Sie schwang in den unterschiedlichen Lehren vom Naturzustand[1] mit, wie sie beispielsweise von der Rechtsphilosophie der Aufklärung entwickelt wurden.[2] "Der Mensch im Recht", so lautete das Thema, das Gustav Radbruch für seine Heidelberger Antrittsvorlesung im Jahr 1927 wählte.[3] Und vor wenigen Jahren veröffentlichte Peter Häberle eine kleine Schrift mit dem Titel "Das Menschenbild im Verfassungsstaat".[4]

---

1 Hierauf weist zutreffend *Radbruch*, Der Mensch im Recht, in: ders., Der Mensch im Recht, S. 9 (21) hin: "Damit sind wir noch einmal zum Menschen als Objekt des Rechts zurückgekehrt. Die hier darüber angestellten Betrachtungen sind keineswegs ohne Vorgang. In einer anderen Form, unter dem durchsichtigen Schleier geschichtlicher Konstruktion, sind sie von jeher gepflegt worden; in der Lehre vom Naturzustande. Unter dem Naturzustand verstand man im Grunde nichts anderes als den ursprünglichen Seelenzustand des Menschen, den das Recht vorfindet und zu seinem Ausgangspunkt macht, und die Rechtszeitalter haben abwechselnd den beiden entgegengesetzten Auffassungen dieses Seelenzustandes gehuldigt, die in der Lehre vom Naturzustand mit den Schlagworten 'appetitus Societatis' (Grotius) und 'homo homini lupus' (Hobbes) bezeichnet worden sind."

2 Vgl. hierzu *Hofmann*, Zur Lehre vom Naturzustand in der Rechtsphilosophie der Aufklärung, in: Rechtstheorie Bd. 13 (1982), S. 226-252.

3 Abgedruckt in: *Radbruch*, Der Mensch im Recht, S. 9-22.

4 Berlin 1988; als weitere Beiträge zu dem Thema "Menschenbild und Recht" seien genannt: *Baruzzi*, Europäisches "Menschenbild" und das Grundgesetz für die Bundesrepublik Deutschland, Freiburg/München 1979; *Böckenförde*, Das Bild vom Menschen in der Perspektive der heutigen Rechtsordnung, in: ders., Recht, Staat, Freiheit, S. 58-66; *Brunner*, Das Menschenbild und die Menschenrechte, in: Universitas 1947, S. 269-274, 385-390; *Emge*, Menschenbild und Menschenrecht, in: Freiherr von Eickstedt u.a., Das ist der Mensch, S. 129-140; *Engisch*, Vom Weltbild des Juristen, in: Abhandlungen der Heidelberger Akademie der Wissenschaften, Jahrgang 1950, Heidelberg 1950; *Geiger*, Menschenrecht und Menschenbild in der Verfassung der Bundesrepublik Deutschland, in: Festschrift Faller, S. 3-15; *Huber*, Das Menschbild im Recht, in: Rechtstheorie-Verfassungsrecht-Völkerrecht. Ausgewählte Aufsätze 1950-1970, S. 76-95; *Hubmann*, Das Menschenbild unserer Rechtsordnung, in: Festschrift Nipperdey, Band I., S. 37-55; *Jellinek*, Adam in der Staatslehre, in: Ausgewählte Schriften und Reden, Band 2, S. 23-44; *Kaufmann*, Die anthropologischen Grundlagen der Staatstheorien. Bemerkungen zu Rousseau, Luther und Kant, in: Gesammelte Schriften, Band III, S. 365-374; *Kopp*, Das

Auch die Fragestellung dieser Arbeit gehört zu dem Themenkreis vom Bild des Menschen im Recht. Doch bedeutet die Themenstellung "Das 'Menschenbild des Grundgesetzes' in der Rechtsprechung des Bundesverfassungsgerichts" eine zweifache Stoffbegrenzung. Den Gegenstand der Untersuchung bildet nicht die allgemeine Frage nach dem Menschenbild im Recht[5], sondern nach dem Menschenbild des Bonner Grundgesetzes. Und die Frage nach dem 'Menschenbild des Grundgesetzes' wird insoweit beschränkt, als sich die Untersuchung darauf konzentriert, wie dieses Menschenbild vom Bundesverfassungsgericht entworfen und fortentwickelt wird. Im Zentrum dieser Arbeit steht die Auseinandersetzung mit der Rechtsprechung des Bundesverfassungsgerichts, nicht mit der verfassungsrechtlichen Literatur.

Menschenbildbezogene Argumentation ist keine Besonderheit der Judikatur des Bundesverfassungsgerichts; auch andere deutsche Gerichte deuten bisweilen in Urteilen an, daß sie von einem bestimmten Bild des Menschen für die Lösung eines Falles ausgehen.[6] Beim Bayerischen Verfassungsgerichtshof stammen die Ansätze zu einer "Menschenbildrechtsprechung" sogar noch aus Zeiten vor dem Beginn der Rechtsprechung des Bundesverfassungsgerichts.[7]

Für eine Beschäftigung mit der Menschenbildrechtsprechung gerade des Bundesverfassungsgerichts gibt es indessen gute Gründe.

Menschenbild im Recht und in der Rechtswissenschaft, in: Festschrift Obermayer, S. 53-64; *Lampe*, Das Menschenbild des Rechts - Abbild oder Vorbild?, in: ARSP-Beiheft Nr. 22 (1985), S. 9-22; *Ramser*, Das Bild des Menschen im neuern Staatsrecht (Die Antinomie des Westens und des Ostens), Winterthur 1958; *Sinzheimer*, Das Problem des Menschen im Recht, Groningen 1933.

[5] Vgl. für die Frage nach dem Menschenbild im Staatsrecht unter rechtsvergleichender Perspektive die Arbeit von *Ramser*, Das Bild des Menschen im neuern Staatsrecht (Die Antinomie des Westens und des Ostens), Winterthur 1958; vgl. hinsichtlich der Frage nach einem Menschenbild in der Verfassung der Vereinigten Staaten von Amerika *Brugger*, Grundrechte und Verfassungsgerichtsbarkeit in den Vereinigten Staaten von Amerika, S. 415 ff.; *Häberle*, Das Menschenbild im Verfassungsstaat, S. 50 ff., deutet einige Züge eines Menschenbilds des deutschen Privatrechts, des Straf-, Sozial- und Arbeitsrechts an.

[6] Vgl. zu Menschenbildelementen in der frühen Rechtsprechung des Bundesgerichtshofs die kleine Schrift von *Weischedel*, Recht und Ethik. Zur Anwendung ethischer Prinzipien in der Rechtsprechung des Bundesgerichtshofs, Karlsruhe 1956; Anklänge an eine Menschenbildrechtsprechung weist auch die Würde-Rechtsprechung des Bayerischen Verfassungsgerichtshofs auf, vgl. etwa BayVerfGH 1, 29 (32); 2, 85 (91); 8, 1 (5); 8, 52 (57); ein aktuelles Beispiel verfassungsgerichtlicher Argumentation mit dem Menschenbild stellt der Honecker-Beschluß des Berliner Verfassungsgerichtshofs vom 12. Januar 1993 dar, vgl. NJW 1993, S. 515 (516).

[7] Vgl. hinsichtlich der Bedeutung der Rechtsprechung des Bayerischen Verfassungsgerichtshofs für die Menschenbildrechtsprechung des Bundesverfassungsgerichts, 3. Teil C. I. 1. dieser Arbeit.

Sie bietet sich deshalb an, weil das höchste deutsche Gericht auffallend häufig in seinen Urteilen menschenbildbezogen argumentiert und der Terminus des 'Menschenbildes des Grundgesetzes' sowie die Formel des Bundesverfassungsgerichts vom gemeinschaftsbezogenen und gemeinschaftsgebundenen Individuum von anderen deutschen Gerichten übernommen wurde.[8]

Der Begriff 'Menschenbild des Grundgesetzes' taucht zum ersten Mal in der Investitionshilfe-Entscheidung[9] des Bundesverfassungsgerichts auf und ist in der Rechtsprechung des Gerichts bis in die 90er Jahre[10] zu einem immer wieder aufgegriffenen "Gemeinplatz"[11] geworden.

Zur Menschenbildrechtsprechung werden in dieser Arbeit freilich nicht nur die Urteile gerechnet, in denen das Bundesverfassungsgericht ausdrücklich den Terminus 'Menschenbild des Grundgesetzes' verwendet.[12] Für eine derartige, sich allein an einem formalen Kriterium orientierende Bestimmung des Untersuchungsgegenstandes ließen sich kaum einsichtige Gründe anführen. "Menschenbildrechtsprechung" umfaßt im Rahmen dieser Arbeit die Entscheidungen, in denen das Bundesverfassungsgericht inhaltlich mit Aussagen über das Wesen des Menschen argumentiert.[13]

---

[8] Vgl. beispielsweise: BVerwGE 77, 75 (82); 86, 136 (138); BVerwG NJW 1990, 2768 (2769); BVerwG NVwZ 1994, 584 (585); BSGE 6, 213 (236); 42, 178 (182); BFHE 112, 285 (287 f.); 131, 187 (190); BGHSt 37, 55 (63) ("Opus pistorum"); BGHZ 79, 111 (115); BayVerfGH 30, 109 (119); 30, 152 (165); OVG Münster OVGE 11, 174 (177).

[9] BVerfGE 4, 7 (15 f.); vgl. schon früher, allerdings ohne Verwendung des Begriffs 'Menschenbild des Grundgesetzes': BVerfGE 2, 1 (12) (SRP-Urteil).

[10] Vgl. BVerfGE 83, 130 (153) (Josefine Mutzenbacher).

[11] Ob es sich bei dem 'Menschenbild des Grundgesetzes' um einen Gemeinplatz im guten oder im schlechten Sinne handelt, wird von der verfassungsrechtlichen Literatur unterschiedlich beurteilt. Vgl. die positive Wertung bei *Häberle*, Das Menschenbild im Verfassungsstaat, S. 44; dagegen *Isensee*, Demokratischer Rechtsstaat und staatsfreie Ethik, in: Essener Gespräche zum Thema Staat und Kirche, Bd. 11 (1977), S. 92 (113).

[12] So in BVerfGE 4, 7 (15) (Investitionshilfe); 6, 32 (36) (Elfes); 12, 45 (51) (Kriegsdienstverweigerung); 24, 119 (144) (verweigerte Adoptionsweinwilligung); 27, 1 (6) (Mikrozensus); 28, 175 (189) (MfS-Kontakte); 30, 1 (20) (Abhör-Entscheidung); 30, 173 (193) (Mephisto); 32, 98 (107 f.) (Gesundbeter); 33, 1 (10 f.) (Grundrechtsschutz Strafgefangener); 35, 202 (225) (Lebach); 50, 166 (175) (Ausländer-Abschiebung); 50, 290 (353) (Mitbestimmung); 56, 363 (384) (Elternrecht des nichtehelichen Vaters); 83, 130 (143) (Josefine Mutzenbacher).

[13] Neben denen in Fußnote 12 genannten Entscheidungen wurden in dieser Arbeit folgende Urteile berücksichtigt: BVerfGE 2, 1 (12) (SPR-Urteil); 5, 85 (197; 204 ff) (KPD-Urteil); 7, 53 (57 f.) (Rechtliches Gehör im Ehelichkeitsanfechtungsverfahren); 7, 198 (205; 208) (Lüth-Urteil); 7, 320 (323) (FKK-Urteil); 7, 377 (397) (Apotheken-Urteil); 8, 274 (328 f.) (Preisbindungsgesetz); 9, 89 (95) (Rechtliches Gehör bei Haftbefehl); 9, 167 (171) (Beweislastumkehr Aufsichtspflicht); 19, 93 (96) (Zwangspfleg-

Die vorliegende Arbeit versucht eine Bestandsaufnahme und eine kritische Würdigung der Menschenbildrechtsprechung des Bundesverfassungsgerichtes.

Die Bestandsaufnahme erstreckt sich auf drei Aspekte

Es geht zum einen darum, die Aussagen aus der Judikatur des Bundesverfassungsgerichts zusammenzutragen und in Beziehung zueinander zu setzen, in denen die Auffassung des höchsten deutschen Gerichts vom 'Menschenbild des Grundgesetzes' zum Ausdruck kommt.[14] Gefragt wird des weiteren, an welche Traditionen das Bundesverfassungsgericht mit seinem Menschenbild anknüpft.[15]

Schließlich wird die Menschenbildrechtsprechung dahingehend untersucht, welche Aufgabe der Bezugnahme auf das 'Menschenbild des Grundgesetzes' im Argumentationsduktus der verfassungsgerichtlichen Entscheidungen zukommt und ob sich dabei für den Argumentationstopos 'Menschenbild des Grundgesetzes' feste Funktionen für den Begründungsgang des Gerichtes ausmachen lassen.[16]

An die Darstellung des Inhalts bzw. der interpretatorischen Funktion des 'Menschenbildes des Grundgesetzes' schließt sich eine Auseinandersetzung mit dem jeweiligen Aspekt der Menschenbildjudikatur des Bundesverfassungsgerichts an.

Dies bedeutet einerseits eine Prüfung, inwieweit sich das vom höchsten deutschen Gericht entworfene 'Menschenbild des Grundgesetzes' tatsächlich aus der Verfassung herleiten läßt.[17] Zum anderen ist zu überlegen, wie die Argumentation mit dem 'Menschenbild des Grundgesetzes' im Hinblick auf das

---

schaft); 21, 362 (372) (Grundrechtsfähigkeit Landesversicherungsanstalt); 24, 367 (389) (Hamburger Deichordnungsgesetz); 27, 71 (81) (Zeitungseinzug); 27, 344 (351) (Scheidungsakten); 28, 386 (391) (Kurzzeitige Freiheitsstrafe); 32, 373 (379) (Arztkartei); 33, 303 (334 f.) (Numerus clausus); 33, 367 (376 f.) (Zeugnisverweigerungsrecht Sozialarbeiter); 34, 238 (246) (Tonband-Beschluß); 34, 269 (281) (Soraya); 38, 105 (114 f.) (Anwalt bei Zeugenaussage); 45, 187 (227 f.) (Lebenslänglich); 47, 46 (72 ff.) (Sexualkundeunterricht); 47, 239 (247); 48, 127 (161; 163; 168); 49, 286 (298) (Transsexuell); 50, 205 (215); 50, 256 (262) (Friedhofszwang); 52, 131 (168 f.) (Arzthaftung); 56, 37 (49) (Selbstbezichtigung); 57, 250 (275) (V-Mann); 61, 126 (137) (Erzwingungshaft für eidesst. Erklärung); 63, 131 (143) (Gegendarstellung); 64, 135 (145) (Dolmetscher); 65, 1 (41 ff.) (Volkszählung); 65, 171 (174 f.) (Abwesenheit des Verteidigers Revisionsverhandlung); 72, 105 (115 f.) (Aussetzung lebenslanger Freiheitsstrafe); 74, 102 (122) (Arbeitspflichten nach JGG); 79, 51 (63) (Pflegeeltern); 87, 209 (225 ff.) (Zombie).

[14] Vgl. den 2. Teil dieser Arbeit.

[15] Vgl. den 3. Teil dieser Arbeit.

[16] Vgl. den 5. Teil dieser Arbeit.

[17] Vgl. den 4. Teil dieser Arbeit.

rechtsstaatliche Erfordernis einer berechenbaren, nachvollziehbaren und transparenten Begründung gerichtlicher Entscheidungen zu bewerten ist.[18]

Begonnen sei jedoch mit Klärung zweier Fragen, die im Blick auf das Thema "Das 'Menschenbild des Grundgesetzes' in der Rechtsprechung des Bundesverfassungsgerichts" naheliegen:

Zum einen: Was versteht man unter einem "Menschenbild"? Und zum anderen: Gibt es noch weitere Bilder in der Rechtsprechung des Bundesverfassungsgerichts?

---

[18] Vgl. den 5. Teil D. dieser Arbeit.

Erster Teil

Bilder in der Rechtsprechung des Bundesverfassungsgerichts

A. Der Begriff des "Menschenbildes"

Statt von einem 'Menschenbild' könnte man sinngleich auch von einem 'Bild des Menschen' bzw. von einem "Bild vom Menschen" sprechen. Dieser Begriff bezeichnet nicht das Bild eines konkreten Menschen, das 'Menschenbild' im hier verwendeten Sinn abstrahiert vielmehr von der individuellen Erscheinung einer Person und meint den Menschen als Gattung bzw. das den Menschen Gemeinsame.[1] Das "Menschenbild", so kann man definieren, ist eine Zusammenfassung von Wesenszügen des Menschen.[2]

---

1 Anschaulich umschreibt Radbruch in seiner bereits erwähnten Heidelberger Antrittsvorlesung (vgl. Einleitung, Fußnote 1) den hier maßgeblichen Begriff des Menschenbildes: "Wenn ich vom Menschen im Recht sprechen will, so soll mein Thema nicht etwa sein, wie das Recht den Menschen wertet oder wie das Recht auf den Menschen wirkt oder wirken soll, vielmehr, wie das Recht sich den Menschen vorstellt, auf den es zu wirken beabsichtigt, auf welche Art Mensch das Recht angelegt ist. Mein Thema ist nicht der wirkliche Mensch, sondern das Bild des Menschen, das dem Recht vorschwebt und auf das es seine Anordnungen einrichtet. (...) Nicht auf die wirklichen einzelnen Menschen, die über diese Erde wandeln, auf jede ihrer Grillen, Launen, Spleens, auf das ganze Herbarium wunderlicher Pflanzen, das wir Menschheit nennen, kann ja eine Rechtsordnung zugeschnitten werden. (...) Der Rechtssatz in seiner Allgemeinheit kann vielmehr nur hingeordnet werden auf einen menschlichen Allgemeintypus (...)." *Radbruch*, Der Mensch im Recht, in: ders., Der Mensch im Recht, S. 9. Zutreffend auch die Anmerkungen von *Krüger*, Verfassungsvoraussetzungen und Verfassungserwartungen, in: Festschrift Scheuner, S. 285 (300): "Man pflegt in diesem Zusammenhang vom 'Menschenbild' des Rechts zu sprechen. Dieses Bild kann weder einen Menschen meinen, den es nicht gibt, noch kann es sich mit dem zufriedengeben, den es gibt. Er darf gewiß kein Engel, darf aber auch nicht das Tier sein, das in ihm steckt. Es handelt sich also im Prinzip darum, diesem Bild dasjenige Höchstmaß an Normativität zu verleihen, von dem noch eine Entsprechung in der Wirklichkeit zu erwarten ist: Das Menschenbild des Rechts und das in der Gesellschaft vorwaltende 'Soziale Ideal' dürfen nicht allzuweit auseinanderliegen."

2 In Wörterbüchern finden sich, wenn das Stichwort "Menschenbild" überhaupt auftaucht, regelmäßig sehr knappe Definitionen des Begriffs "Menschenbild". Vgl. Brockhaus Wahrig, Deutsches Wörterbuch in 6 Bänden, Band 4, Wiesbaden/Stuttgart 1982: "Bild, Vorstellung vom Menschen, von seinem Wesen u. seiner Bestimmung"; ähnlich: Duden. Das große Wörterbuch der deutschen Sprache in sechs Bänden, Band 4,

Dieser Definition läßt sich entnehmen, daß in dem Terminus "Menschenbild" die Behauptung einer gewissen Homogenität des Menschlichen enthalten ist.[3] Der Begriff des Menschenbildes impliziert, daß es charakteristische Eigenschaften, gleichsam als gemeinsamen Nenner des Menschen gibt, die im Menschenbild gebündelt sind.

In dem Begriff des Bildes schwingt sodann auch die Vorstellung mit, daß die wesentlichen Eigenschaften zu einer Gesamtheit, einem System zusammengefaßt sind. Zutreffend weist Häberle in bezug auf das Menschenbild im juristischen Gebrauch darauf hin, daß es den Versuch darstelle "eine *Ganzheit* zu benennen, die hinter den 'positiven', oft diffusen und fragmentarischen Regelungen, Begriffen, Grundsätzen etc. vielfach unbewußt steht."[4]

Schließlich wird mit dem Sprechen von einem Bild noch etwas Weiteres gesagt. In gewisser Hinsicht bildet "Wirklichkeit" einen Gegenbegriff zu 'Bild', da "Bilder" zwar versuchen, die Wirklichkeit einzufangen, sie aber nicht mit dieser gleichzusetzen sind. Für das Menschenbild ist es insbesondere die ihm eigene Abstraktion vom einzelnen, konkreten Menschen, die eine Diskrepanz zwischen "Bild" und "Wirklichkeit" hervorruft. In dieser Besonderheit von Bildern, ihrer Bezogenheit auf eine bestimmte Gegebenheit bei gleichzeitiger Nichtidentität mit dieser Gegebenheit, wurzelt ein, bei der Verwendung von "Bildern" in der Judikatur nicht unwichtiges Problem, das sich in der Frage niederschlägt, wie sich Bild und Wirklichkeit zueinander verhalten. Konkret für diese Arbeit lautet hierbei die Frage: In welche Relation setzt das Bundesverfassungsgericht sein Menschenbild zur mit ihm korrespondierenden Wirklichkeit, dem Menschen? Ist das Menschenbild der Versuch, den Menschen

---

Mannheim/Wien/Zürich 1978: "Bild, Vorstellung, die jmd. vom (Wesen des) Menschen hat." Von einer gewissen Zurückhaltung bei einer ausführlicheren Klärung des Begriffs "Menschenbild" zeugen auch Bemerkungen von Wilhelm Schneemelcher, einem der Herausgeber der 1. Auflage des Evangelischen Staatslexikons: "Als vor acht Jahren das Evangelische Staatslexikon vorbereitet wurde, versuchten wir, einen Artikel "Menschenbild" zu bekommen, sind damit aber kläglich gescheitert. Es fand sich kein Autor, der uns einen Artikel geliefert hätte. Dabei waren wir völlig offen: Es hätte auch jemand sein können, der nicht prononcierter Protestant war. Aber es war einfach nicht zu machen." (Diskussionsbeitrag, in: *Benda*, Gefährdungen der Menschenwürde, S. 38). Synonym zum Begriff des Menschbildes spricht Ramser von der "Idee des Menschen", vgl. *Ramser*, Das Bild des Menschen im neuern Staatsrecht, S. 4 ff.

3 So zutreffend *Hofmann*, Menschenrechtliche Autonomieansprüche, in: JZ 1992, S. 165 (166).

4 *Häberle*, Das Menschenbild im Verfassungsstaat, S. 18 (Hervorhebungen im Original). Vgl. auch *Heidegger*, Die Zeit des Weltbildes, in: Gesamtausgabe, Band 5, S. 75 (89), der davon spricht, daß zum Wesen des Bildes der Zusammenstand, das System gehöre.

möglichst getreu zu beschreiben, ist es also lediglich (deskriptives) Ab-Bild? Oder verhält es sich gerade umgekehrt: Mißt das Verfassungsgericht den Menschen an dem verfassungsgerichtlichen Menschenbild, ist sein Menschenbild (normatives) Vor-Bild?[5]

Dienen die bisherigen Ausführungen einer Präzisierung des allgemeinen Begriffs des "Menschenbildes", so ist weiter zu fragen, inwieweit sich noch weitergehende Aussagen über den Terminus 'Menschenbild des Grundgesetzes' machen lassen. So, wie beispielsweise ein "Menschenbild der Medizin" den Menschen aus einer ganz bestimmten Perspektive ins Auge faßt, so gilt dies auch für ein 'Menschenbild des Grundgesetzes'. Savigny bezeichnet Recht als "das Leben selbst, von einer besonderen Seite angesehen"[6]. In Anlehnung an dieses Wort ließe sich das Verfassungsrecht in seinem Grundrechtsteil, der für die Frage nach einem Menschenbild Verfassung besonders aussagekräftig ist[7], dergestalt charakterisieren, daß in ihm das grundsätzliche Verhältnis des einzelnen zur Gemeinschaft und zum Staat ins Auge gefaßt ist. Im 'Menschenbild des Grundgesetzes' finden sich demgemäß, so ist zu erwarten, die wesentlichen Strukturen dieses Verhältnisses zusammengefaßt.

---

[5] Vgl. hierzu allgemein *Lampe*, Das Menschenbild im Recht - Abbild oder Vorbild?, in: ARSP-Beiheft Nr. 22 (1985), S. 9-22. Vgl. auch die Definition des Begriffs "Menschenbild" durch *Dreier* (zitiert nach Martin, Begrüßungsansprache, in: Menschenrecht und Menschenbild in den Verfassungen Schwedens, Deutschlands und Österreichs, S. 7 (9)): "Annahmen über die Natur des Menschen, die einer Rechtsordnung ausdrücklich oder stillschweigend als Orientierungsrahmen, Legitimationsbasis und/oder Zielvorstellung zugrunde liegen. Dabei ist zwischen empirischen und normativen Menschenbildern zu unterscheiden, d.h. Annahmen darüber, wie der Mensch ist, und solchen, wie er sein sollte. Empirische Menschenbilder können als Orientierungsrahmen und Legitimationsbasis, normative Menschenbilder darüber hinaus als Zielvorstellung dienen."

[6] *von Savigny*, Vom Beruf unserer Zeit für Gesetzgebung und Rechtswissenschaft, S. 30.

[7] Auf die Prägekraft der von der Rechtsordnung verliehenen Rechte und Pflichten für das der Rechtsordnung zugrundeliegende Menschenbild verweist bereits *Radbruch* (Der Mensch im Recht, in: ders., Der Mensch im Recht, S. 9 (10)): "Die Auffassung einer bestimmten Rechtsordnung vom Menschen wird deutlich, wenn man sein Augenmerk darauf richtet, was sie zum subjektiven Recht, was sie zur Rechtspflicht gestaltet hat. (...) Wann wird nun die Rechtsordnung (...) ihrem Willen in Gestalt eines Rechts Ausdruck verleihen, wann in Gestalt einer Pflicht? Sie wird Rechte erteilen, wo sie mit der Erfüllung ihres Willens durch gleichgerichtete menschliche Antriebe rechnen zu können meint, sie wird Pflichten auferlegen, wo sie gegen ihren Willen zuwiderlaufende Antriebe Gegenmotive einsetzen zu müssen glaubt. Durch die von ihr begründeten Rechte und Pflichten gibt sie also deutlich zu erkennen, welche Antriebe sie im Menschen als gegeben und wirksam annimmt."

B. Andere Bilder in der Rechtsprechung des Bundesverfassungsgerichts

Wenngleich das zentrale Anliegen dieser Untersuchung darin besteht, verschiedene Aspekte der Menschenbildjudikatur des Bundesverfassungsgerichts darzustellen und einer kritischen Prüfung zu unterziehen, soll gleichwohl der Anschein vermieden werden, das Menschenbild wäre das einzige "Bild" in der Rechtsprechung des Bundesverfassungsgerichts. Ein Blick in die Judikatur des höchsten deutschen Gerichts zeigt, daß das Verfassungsgericht mit einer Reihe von "Bildern" arbeitet. Beispielsweise stößt man in Urteilen zu Art. 6 Abs. 1 GG auf das "Bild der 'verweltlichten' bürgerlich-rechtlichen Ehe".[8] Andernorts führt das Gericht ein "vorverfassungsrechtliches" bzw. "vorverfassungsmäßiges (Gesamt-)Bild" an, um einen bestimmten Argumentationsgang abzustützen.[9] Und schließlich finden sich in der Rechtsprechung zu Art. 12 Abs. 1 GG häufig Bezugnahmen auf "Berufsbilder"[10], was in der Literatur Niederschlag in dem Diktum von der "Berufsbildlehre" des Bundesverfassungsgerichts gefunden hat.[11]

Diese drei weiteren "Bilder" aus der Judikatur des Bundesverfassungsgerichts, die Bildpalette des Bundesverfassungsgerichts ist damit keineswegs erschöpft[12], seien im folgenden im Hinblick auf zwei Gesichtspunkte skizziert. Zum einen soll ihr Inhalt angedeutet, zum anderen sollen Kennzeichen des jeweiligen Bildbegriffs aufgezeigt werden.

---

8 BVerfGE 31, 58 (82 f.); 36, 146 (163); 53, 224 (245).

9 BVerfGE 2, 380 (403); 9, 89 (96); 14, 197 (216); 25, 269 (290; 56, 22 (27 f.).

10 Vgl. BVerfGE 7, 377 (397 ff.) (Apotheken-Urteil); 9, 73 (78); 13, 97 (106; 117 f.); 17, 232 (241 f.); 21, 173 (180 f.); 25, 236 (247); 32, 1 (22 f.); 33, 367 (379 ff.); 41, 378 (396); 54, 301 (314 ff.); 55, 185 (198); 75, 246 (265 f.).

11 Vgl. *Fröhler/Mörtel*, "Die Berufsbildlehre" des Bundesverfassungsgerichtes, in: GewArch 1978, S. 249-259; *Breuer*, Freiheit des Berufs, in: Isensee/Kirchhof, Handbuch des Staatsrechts der Bundesrepublik Deutschland, Band VI (Freiheitsrechte), S. 877 (905 ff.).

12 Vgl. etwa BVerfGE 56, 363 (383), wo das Bundesverfassungsgericht vom "Bild des unehelichen Vaters" spricht.

I. Das Bild der Ehe

1. Inhalt des Bildes

Im Hinblick auf die verfassungsrechtliche Verbürgung der Ehe in Art. 6 Abs. 1 GG spricht das Bundesverfassungsgericht davon, daß dem Grundgesetz "das Bild der 'verweltlichten' bürgerlich-rechtlichen "Ehe" zugrundeliege.[13]

Dieser Umschreibung ist zum einen zu entnehmen, daß Art. 6 Abs. 1 GG nicht die kirchliche, sondern die "verweltlichte", die Zivilehe schützt. Zum anderen weist jene Formel auf den Umstand hin, daß für den verfassungsrechtlichen Ehebegriff die einfachgesetzlichen Regelungen, welche die Ehe betreffen, eine erhebliche Rolle spielen.[14]

Das Verfassungsgericht nennt darüber hinaus zwei weitere Kennzeichen des Ehebildes. Erstens: Es gehört zu diesem Bild, daß die Ehegatten unter den vom Gesetz normierten Voraussetzungen geschieden werden können, wodurch sie ihre Eheschließungsfreiheit wiedererlangen.[15] Und zweitens: Beschränkungen der Eheschließungsfreiheit dürfen nicht auf "uralten kultischen Regeln" beruhen, sondern müssen sich aus dem "Bild der heutigen verweltlichten Ehe" ergeben oder zumindest mit ihm vereinbar sein.[16]

Diese beiden Präzisierungsversuche können aber nicht darüber hinwegtäuschen, daß der Judikatur des Verfassungsgerichtes nicht ohne weiteres zu entnehmen ist, was es unter dem Bild der verweltlichten bürgerlich-rechtlichen Ehe versteht, daß das Bild recht unscharf bleibt, ein Umstand, der dem Gericht den Vorwurf eingetragen hat, es wäre selbst nicht mehr sicher, was denn dieses Bild eigentlich sei.[17]

---

13 BVerfGE 31, 58 (82 f.); 36, 146 (163); 53, 224 (245).

14 Vgl. hierzu BVerfGE 10, 59 (66 f.).

15 BVerfGE 31, 58 (83); 53, 224 (245).

16 BVerfGE 36, 146 (163).

17 *Böckenförde*, Das Bild vom Menschen in der Perspektive der heutigen Rechtsordnung, in: ders., Recht Staat Freiheit, S. 58 (65). Zu den Schwierigkeiten einer inhaltlichen Präzisierung der Formel vgl. auch *Lecheler*, Schutz von Ehe und Familie, in: Isensee/Kirchhof, Handbuch des Staatsrechts der Bundesrepublik Deutschland, Band VI (Freiheitsrechte), S. 211 (221).

2. *Der Bildbegriff*

a) Geringe inhaltliche Prägnanz

Aus dem oben Gesagten ist als ein erstes Kennzeichen dieses Bildes festzuhalten, daß das Verfassungsgericht es als einen Terminus einführt und verwendet, den es inhaltlich kaum präzisiert, dessen Bedeutungsgehalt gleichsam als allgemein anerkannt und feststehend vorausgesetzt wird.

b) Zusammenfassung wesentlicher Strukturelemente

Ein weiteres Kennzeichen des Ehe-Bildes hängt mit einer Besonderheit von Art. 6 Abs. 1 GG zusammen. Diese Grundgesetzbestimmung umfaßt neben einem Abwehrrecht und einer verbindlichen Wertentscheidung auch eine Institutsgarantie.[18] Nach einer Definition von Carl Schmitt versteht man unter Institutsgarantien "verfassungsrechtliche Gewährleitungen von Rechtsinstituten im Sinne von typischen, traditionell feststehenden Normenkomplexen und Rechtsbeziehungen."[19] Eben gerade dieses Typische, traditionell Feststehende des Instituts der Ehe, das von Alters her Überkommene und in seinem Kern unverändert Gebliebene[20] scheint das Verfassungsgericht mit dem Ehe-Bild umschreiben zu wollen. Es läßt sich vor diesem Hintergrund als Zusammenfassung der wesentlichen Strukturpinzipien der Ehe umschreiben, ihre Wesenszüge werden zu einem einheitlichen Bild zusammengefügt.[21] Dies kann als ein erster Beleg für die Annahme genommen werden, daß trotz des verschiedenar-

---

18 Vgl. *Zeidler*, Ehe und Familie, in: Benda/Maihofer/Vogel, Handbuch des Verfassungsrechts, 1. Auflage 1983, S. 555 (556); *von Münch*, in: von Münch, Grundgesetz-Kommentar, Band 1, Art. 6 Rd. 5-10

19 *Schmitt*, Inhalt und Bedeutung des zweiten Hauptteils der Reichsverfassung, in: Anschütz/Thoma (Hrsg.), Handbuch des Deutschen Staatsrechts, 2. Band, Tübingen 1932, S. 572 (595).

20 BVerfGE 10, 59 (66); 31, 58 (69); 36, 146 (163).

21 Dies bedeutet freilich keine Entkräftung von Böckenfördes Vorwurf (vgl. 1. Teil B. I. 1., Fn. 17). Der Begriff des Ehebildes erweckt zwar den Eindruck von feststehenden Elementen dieses Bildes, doch werden allein durch das Sprechen von einem 'Bild der Ehe' diese Wesenszüge der Ehe weder im einzelnen bezeichnet, noch in sonstiger Weise inhaltlich präzisiert. Vgl. *Maunz/Zippelius*, Deutsches Staatsrecht, § 19 I, die zur allgemeinen Charakterisierung von Institutsgarantien auch den Terminus des Bildes verwenden: "Für die Auslegung der Einrichtungsgarantien spielt das 'vorrechtliche Leitbild', also die herkömmliche rechtliche Ausgestaltung der Rechtseinrichtung, eine Rolle."

tigen Kontextes, in dem das Bundesverfassungsgericht von Bildern spricht, der Bildbegriff eine gewisse Homogenität aufweist. Denn auch für den Terminus "Menschenbild" wurde festgestellt, daß es sich dabei um die Zusammenfassung wesenhafter Merkmale (des Menschen) handelt.

II. Das vorverfassungsmäßige Bild

Ein weiteres Bild, dessen sich die Karlsruher Richter in einigen ihrer Entscheidungen bedienen, das "vorverfassungsmäßige Bild", erweist sich beim genaueren Hinsehen als eine Gruppe von drei Bildern. Das Verfassungsgericht unterscheidet terminologisch zwischen dem vorverfassungsmäßigen Gesamtbild[22], dem vorverfassungsrechtlichen Gesamtbild (des Prozeßrechts)[23] und dem vorverfassungsrechtlichen Bild (der deutschen Währungs- und Notenbank)[24].[25]

1. Inhalt der Bilder

a) Das vorverfassungsmäßige Gesamtbild

Das vorverfassungsmäßige Gesamtbild taucht in zwei Entscheidungen des Verfassungsgerichts auf.[26] Nach Auffassung des Gerichtes besteht es aus "allgemeinen Grundsätzen und Leitideen"[27], von denen der Verfassungsgeber ausgegangen ist, ohne sie jedoch zu einem besonderen Rechtssatz zu konkretisieren.[28] Ausdrücklich nennt das Verfassungsgericht das Rechtsstaatsprinzip als ein Element des vorverfassungsmäßigen Gesamtbildes. Dieses Bild dient nach Auffassung der Karlsruher Richter als "Kitt" zwischen den einzelnen Sätzen der geschriebenen Verfassung, es verbindet sie und hält sie innerlich zusammen.[29]

---

22 BVerfGE 2, 380 (403); 25, 269 (290).
23 BVerfGE 9, 89 (96); 56, 22 (27 f.).
24 BVerfGE 14, 197 (216).
25 Vgl. zu den einzelnen Bildern *Gramlich*, Abschied vom "Vorverfassungsmäßigen Gesamtbild", in: DVBl. 1980, S. 531-538.
26 BVerfGE 2, 380 (403); 25, 269 (290).
27 BVerfGE 2, 380 (403); 25, 269 (290).
28 BVerfGE 2, 380 (403); 25, 269 (290).
29 BVerfGE 2, 380 (403).

b) Das vorverfassungsrechtliche Gesamtbild des Prozeßrechts

Vom vorverfassungsrechtlichen Gesamtbild des Prozeßrechts spricht das Bundesverfassungsgericht in zwei Urteilen zu den prozessualen Grundrechten aus Art. 103 GG.

In der ersten Entscheidung[30] hatte das Gericht zu der Frage Stellung zu nehmen, ob Art. 103 Abs. 1 GG dadurch verletzt sei, daß weder der Beklagte noch sein Anwalt über eine Beschwerde der Staatsanwaltschaft zum Oberlandesgericht informiert wurden. Mit der Beschwerde hatte die Staatsanwaltschaft die Aufrechterhaltung eines Haftbefehls durch das Oberlandesgericht erwirkt, durch die die landgerichtliche Aufhebung des Haftbefehls korrigiert wurde (vgl. § 308 Abs. 1 StPO).

Das Bundesverfassungsgericht weist in seiner Entscheidung darauf hin, daß bei der Auslegung von Art. 103 Abs. 1 GG vom vorverfassungsrechtlichen Gesamtbild des Prozeßrechts auszugehen sei.[31] Begründet wird dies damit, daß "die bei Inkrafttreten des Grundgesetzes geltenden Verfahrensordnungen im allgemeinen rechtsstaatlichen Forderungen hinsichtlich der Gewährung des rechtlichen Gehörs genügten."[32]

In der zweiten Entscheidung ging es um die Klärung der Frage, was unter "derselben Tat" in Art. 103 Abs. 3 GG zu verstehen ist. Das Gericht stellt in dem Urteil heraus, daß das Grundgesetz von einem prozessualen Tatbegriff ausgehe, wie er im vorverfassungsrechtlichen Gesamtbild des Prozeßrechtes unangefochten Geltung besaß.[33] Dieser Begriff, präzisiert das Gericht, stelle auf einen nach natürlicher Auffassung zu beurteilenden einheitlichen Lebensvorgang ab.[34]

c) Das vorverfassungsmäßige Bild der deutschen Währungs- und Notenbank

Auf das vorverfassungsmäßige Bild der deutschen Währungs- und Notenbank rekurriert das Bundesverfassungsgericht in seiner Entscheidung zum Kreditwesengesetz.[35] Hier war zu klären, ob die der Bundesbank durch das Kredit-

---

30 BVerfGE 9, 89 ff.
31 BVerfGE 9, 89 (96).
32 BVerfGE 9, 89 (96).
33 BVerfGE 56, 22 (28).
34 BVerfGE 56, 22 (28).
35 BVerfGE 14, 197 ff.

wesengesetz übertragenen Aufgaben auf dem Gebiet der Bankenaufsicht in den typischen Geschäftsbereich einer Währungs- und Notenbank fallen (vgl. Art. 88 GG). Das Gericht führt in diesem Zusammenhang aus, daß es zur Beantwortung dieser Frage auch auf das vorverfassungsmäßige Bild der deutschen Währungs- und Notenbank ankomme, das der Verfassungsgeber vorgefunden habe.[36] Zu diesem Bild gehört nach Auffassung des Gerichtes eine maßgebliche Beteiligung der deutschen Notenbank an der Bankenaufsicht.[37]

2. *Der Bildbegriff*

a) Gemeinsamkeiten

aa) Geringe inhaltliche Konkretisierung

Aus der oben unternommenen inhaltlichen Skizze der drei "vorverfassungsmäßigen Bilder" wird deutlich, daß alle Bilder kaum erläutert werden, ihr Gehalt bestenfalls schemenhaft angedeutet wird. Inhaltliche Präzisierungen sind rar, der Bedeutungsgehalt auch bei diesen Bildern wird eher vorausgesetzt denn in den Urteilen entfaltet.

bb) Zusammenfassung von Strukturprinzipien

Weiterhin gilt für alle drei Bilder, daß sie in der Vorstellung des Verfassungsgerichts sich nicht als Mosaike darstellen, als Bilder, die aus ganz vielen Einzelstücken und Facetten zusammengesetzt sind. Die Bilder zeichnet vielmehr eine grobmaschige Struktur aus, auch sie fassen wesentliche Prinzipien und Leitideen zusammen. Terminologisch wird diese Eigenart bei den beiden, in diesem Abschnitt zuerst behandelten Bildern dadurch unterstrichen, daß das Verfassungsgericht von *Gesamt*bildern spricht.

---

36 BVerfGE 14, 197 (216).
37 BVerfGE 14, 197 (216).

b) Unterschiede

Trotz dieser Gemeinsamkeiten sind gewisse Unterschiede nicht zu übersehen. Diese werden deutlich, wenn man versucht, die argumentative Funktion der Bilder in den traditionellen Kanon juristischer Interpretationsmethoden aus historischer, grammatikalischer, systematischer und teleologischer Auslegung einzuordnen.

Mit dem vorverfassungsrechtlichen Gesamtbild des Prozeßrechts und dem vorverfassungsgemäßen Bild der deutschen Währungs- und Notenbank verweist das Verfassungsgericht auf unterverfassungsrechtliche Teilrechtsgebiete und deren Strukturprinzipien, die vom Gesetzgeber schon vor dem Grundgesetz festgelegt worden sind. Der Bezugnahme auf diese Bilder liegt die Idee zugrunde, daß bestimmte verfassungsrechtliche Begriffe (Währungs- und Notenbank; ne bis in idem) vor dem Hintergrund traditioneller, in der vorgrundgesetzlichen Regelung der jeweiligen Teilrechtsgebiete zum Ausdruck kommenden Bedeutungsgehalte zu interpretieren ist.[38] So gesehen lassen sich diese beiden Bilder einordnen als Spielart einer historischen Auslegung.[39]

Anders verhält es sich mit dem vorverfassungsmäßigen Gesamtbild, aus dem das Verfassungsgericht in zwei Entscheidungen das Rechtsstaatsprinzip ableitet. Dieses Bild bezieht sich auf das Grundgesetz selbst. Vorverfassungsrechtlich ist es lediglich insoweit, als es sich aus den allgemeinen Leitideen zusammensetzt, die die Vorstellung des Verfassungsgebers bei der Ausarbeitung des Grundgesetzes bestimmt haben. Das vorverfassungsmäßige Gesamtbild ließe sich aber mit einigem Recht auch verfassungsmäßiges Gesamtbild nennen, denn sein Bezugspunkt ist die Verfassung.[40] Mithin handelt es sich hierbei auch nicht in erster Linie um einen historischen Auslegungstopos, den das Verfassungsgericht bemüht. Vielmehr weist das vorverfassungsmäßige Gesamtbild insbesondere Berührungspunkte mit der systematischen Auslegungsmethode auf.[41]

Die sich an dieser Stelle andeutende Verschiedenartigkeit von 'Bildern' in bezug auf ihre argumentative Verwendung weist auf einen Problemkreis hin,

---

[38] Vgl. in diesem Sinne BVerfGE 48, 300 (317, 320 f.); 20, 186 (200 f.).

[39] Zu diesem Ereignis kommt auch *Müller*, Juristische Methodenlehre, S. 220; vgl. auch *Gramlich*, Abschied vom "vorverfassungsmäßigen Gesamtbild", in: DVBl. 1980, S. 531 (536).

[40] So auch *Hesse*, Grundzüge des Verfassungsrechts der Bundesrepublik Deutschland, Rd. 34.

[41] Zutreffend *Müller*, Juristische Methodenlehre, S. 220.

der bei der Darstellung des "Menschenbildes" in der Rechtsprechung der Karlsruher Richter von besonderer Bedeutung sein wird. Dabei wird insbesondere zu untersuchen sein, ob die argumentative Funktion des "Menschenbildes" in den verschiedenen Judikaten des Verfassungsgerichts stets identisch ist, oder ob nicht ein 'Bild' geradezu dafür prädestiniert ist, ganz unterschiedliche argumentative Funktionen zu erfüllen. Hierzu an späterer Stelle.

III. Die Berufsbilder

1. Besonderheit der Berufsbilder

Unter einem Berufsbild versteht das Bundesverfassungsgericht die Gesamtvorstellung über den Inhalt und die Grenzen der für einen bestimmten Beruf charakteristischen Tätigkeit sowie die fachlichen, persönlichen und gegebenenfalls auch finanziellen Gegebenheiten, die mit ihr verbunden sind.[42] Das Bundesverfassungsgericht spricht in bezug auf Berufsbilder auch von dem "rechtlich normierten Anforderungsprofil" eines Berufes.[43]

Vor dem Hintergrund dieser Begriffsbestimmung sticht eine Gemeinsamkeit der Berufsbilder mit dem vorverfassungsrechtlichen Gesamtbild (des Prozeßrechts) oder auch dem vorverfassungsmäßigen Bild (der deutschen Währungs- und Notenbank) ins Auge: auch die Berufsbilder werden vom Verfassungsgericht aus unterverfassungsrechtlichen Normen herausdestilliert. Wesentliche Merkmale eines bestimmten Regelungsbereiches werden zu einem Bild zusammengesetzt.

Trotz dieser Gemeinsamkeit sind die Berufsbilder grundverschieden von den bisher behandelten Bildern. Denn Berufsbilder dienen nicht dazu, den Inhalt eines verfassungsrechtlichen Begriffs zu illustrieren, so wie das Bundesverfassungsgericht dies beispielsweise bei Art. 6 Abs. 1 GG mit dem "Bild der 'verweltlichten' bürgerlich-rechtlichen Ehe" versucht. Den Grund für die verfassungsgerichtliche Beschäftigung mit den Berufsbildern bildet vielmehr die Frage, ob eine rechtliche Normierung von Berufsbildern, wie sie in Gesetzen, Rechtsverordnungen oder Verwaltungsvorschriften anzutreffen ist und die zur Folge hat, daß die freie Berufswahl im Bereich des Berufsbildes einge-

---

42 Vgl. *Maunz*, in: Maunz/Dürig/Herzog/Scholz, Grundgesetz, Art. 12, Rd. 24.
43 Vgl. BVerfGE 26, 246 (255 f.).

schränkt[44], ja teilweise sogar ausgeschlossen wird[45], mit Art. 12 Abs. 1 GG vereinbar ist. Berufsbilder sind folglich nicht Requisiten einer Verfassungsinterpretation, sondern Gegenstand verfassungsrechtlicher Prüfung.

2. *Der Bildbegriff*

Hinsichtlich einer näheren Kennzeichnung dessen, was das Verfassungsgericht unter einem Berufsbild versteht, finden sich verschiedene Präzisierungsansätze in den Entscheidungen der Karlsruher Richter. Den Kern des Berufsbildes bilden die häufig durch Tradition bestimmten typischen Betätigungen eines Berufes, welche in dem Bild zu einer strukturellen Einheit zusammengefügt werden.[46] Dabei weist das Verfassungsgericht darauf hin, daß insbesondere durch die Festlegung, welche Tätigkeiten mit einem bestimmten Berufsbild unvereinbar sind (Inkompatibilitäten), der Gesetzgeber einem Berufsbild scharfe Konturen gibt und so das Bild besonders deutlich prägen kann.[47]

IV. Zusammenfassung

Nach dieser Skizze verschiedener Bilder, die vom Bundesverfassungsgericht in seiner Judikatur verwendet werden, seien noch einmal wichtige Elemente des Bildbegriffs zusammengefaßt.

Allen hier erörterten Bildern einschließlich des Menschenbildes ist als Hauptmerkmal gemeinsam, daß sie die wesentlichen Strukturprinzipien der von ihnen bezeichneten Gegebenheit meinen. Diese Bündelung von Wesensmerkmalen zieht verschiedene Konsequenzen nach sich.

Zum einen bewirkt sie eine gewisse Abstraktheit der Bilder, das verfassungsgerichtliche Bild der Ehe bildet nicht in allen Einzelheiten die Ehe zwi-

---

44 Dies trifft dann zu, wenn die Rechtsnormen für die Ausübung des Berufs bestimmte Qualifikationsnachweise erforderlich machen.

45 BVerfGE 13, 97 (106); 17, 232 (241); 21, 173 (180).

46 Vgl. BVerfGE 7, 377 (397); 9, 339 (350); 13, 97 (117); 17, 232 (241); 75, 246 (265 f.).

47 BVerfGE 21, 173 (181). Dieser Technik, ein Bild dadurch zu konturieren, daß man angibt, was gerade nicht zu diesem Bild gehört bzw. was mit ihm unvereinbar ist, bedient sich das Bundesverfassungsgericht auch bei der Beschreibung des 'Menschenbildes des Grundgesetzes', und zwar in der sogenannten "Objektformel". Vgl. hierzu ausführlich den 2. Teil A. IV. dieser Arbeit.

schen A und B ab. Dieser Abstraktheit der Bilder entspringt die Gefahr inhaltlicher Unschärfe, ja Konturlosigkeit, wie sie bei einigen Bildern festzustellen war.[48] Die Rede von einem Bild impliziert zwar die Vorstellung, daß damit die charakteristischen Merkmale einer bestimmten Gegebenheit gemeint sind, doch welches diese Merkmale sind, darüber sagt das Bild für sich genommen nichts.

Dank ihrer Abstraktheit vermögen Bilder jedoch, Zusammenhänge zu verdeutlichen. Bilder können dazu dienen, scheinbar unzusammenhängende Sachverhalte miteinander zu verbinden und in ein System zu bringen. Hiervon wird beim 'Menschenbild' noch ausführlich zu sprechen sein.

Schließlich kann darauf hingewiesen werden, daß verfassungsgerichtliche Bilder keineswegs nur als Abbilder bestimmter Phänomen verstanden werden dürfen; vielmehr verwendet das Bundesverfassungsgericht einige Bilder, etwa das "Bild" der Ehe oder das "vorverfassungsmäßige Gesamtbild", normativ. Das bedeutet, daß die Bilder als Maßstab und Argument herangezogen werden, um gewisse verfassungsrechtliche Fragen zu entscheiden. Welcher juristischen Argumentationsmethode sie dabei jeweils zuzuordnen sind, läßt sich nicht allgemein sagen; Bilder können in sehr unterschiedlichen Begründungszusammenhängen eingesetzt werden.

---

[48] Auszunehmen sind hiervon die Berufsbilder, die vom einfachen Gesetzgeber häufig deutlich umschrieben sind. Diese Besonderheit der Berufsbilder rührt von ihrer oben dargelegten Eigenart her: Berufsbilder sind nicht Mittel einer Verfassungsinterpretation von Art. 12 Abs. 1 GG durch das Bundesverfassungsgerichts; sie stellen vielmehr ein Gestaltungsmittel des Gesetzgebers dar, über dessen Zulässigkeit und dessen Grenzen das Verfassungsgericht in seinen Entscheidungen zu befinden hatte. Vgl. hierzu *Breuer*, Freiheit des Berufs, in: Isensee/Kirchhof, Handbuch des Staatsrechts der Bundesrepublik Deutschland, Band VI (Freiheitsrechte), S. 904 ff.

Zweiter Teil

Der Inhalt des Menschenbildes

Nach diesem Streifzug durch die "Bilderwelt" des Bundesverfassungsgerichts verengt sich das Blickfeld dieser Arbeit auf das Menschenbild in der Rechtsprechung des obersten deutschen Gerichts.

Dabei besteht das Ziel dieses Abschnitts darin, die Ausführungen des Bundesverfassungsgerichts zum Wesen des Menschen, die nach der oben dargelegten Begriffsbestimmung Aufschluß über ein Menschenbild geben, im Zusammenhang darzustellen.

Zunächst ist anzumerken, daß sich eine umfassende und erschöpfende Skizze des verfassungsrechtlichen Menschenbildes nicht in einer einzelnen Entscheidung des Bundesverfassungsgerichts findet.[1] Dieser Befund erklärt sich aus der Eigenart (verfassungs-)gerichtlicher Entscheidungen. Das Menschenbild selbst bildet nie das letzte Ziel verfassungsgerichtlicher Auslegung, vielmehr dient es dazu, die Antwort auf andere verfassungsrechtliche Fragen mit zu begründen. Für das Gericht, das einen konkreten Fall zu entscheiden hat, ist jeweils nur eine bestimmte Facette des Menschenbildes, nicht aber ein Gesamtentwurf von Interesse.[2] Dies schägt sich darin nieder, daß die Aussagen des Verfassungsgerichts zum Menschenbild über viele Urteile verstreut sind.

Nach welchen Gesichtspunkten sind nun aber die einzelnen "Bruchstücke" des verfassungsgerichtlichen Menschenbildes zu ordnen und zusammenzufügen? Damit ist die Frage nach einem "Bauplan" des Menschenbildes gestellt.

---

1 Entscheidungen mit relativ ausführlichen Ausführungen zum Menschenbild: BVerfGE 5, 85 (KPD-Urteil); 27, 1 (Mikrozensus); 45, 187 (Lebenslänglich). Etwas ausführlichere Darstellungen des verfassungsgerichtlichen Menschenbildes ergeben sich zudem, wenn man bei einigen Entscheidungen Ausführungen früherer Urteile, auf die mittels Angabe der Fundstelle im entsprechenden Band der offiziellen Entscheidungssammlung verwiesen ist, in die jeweilige Entscheidung mit hineinliest; vgl. insbesondere: BVerfGE 50, 166 (175); siehe auch BVerfGE 28, 386 (391) (kurzzeitige Freiheitsstrafe); 30, 173 (193) (Mephisto); 65, 1 (44) (Volkszählung).

2 Vgl. zur Problematik der isolierten Verwendung einzelner Aspekte des Menschenbildes 5. Teil D. III. dieser Arbeit.

Eine eindeutige Antwort kennt diese Frage nicht. Die hier gewählte Vorgehensweise orientiert sich an der sogenannten Menschenbildformel des Bundesverfassungsgerichts.[3] Sie findet sich in der Investitionshilfe-Entscheidung und lautet:

"Das Menschenbild des Grundgesetzes ist nicht das eines isolierten souveränen Individuums; das Grundgesetz hat vielmehr die Spannung Individuum - Gemeinschaft im Sinne der Gemeinschaftsbezogenheit und Gemeinschaftsgebundenheit der Person entschieden, ohne dabei deren Eigenwert anzutasten."[4]

Die Menschenbildformel, dies sei im Vorgriff auf die später folgende eingehende Analyse der Formel[5] hier schon gesagt, enthält zwei Grundaussagen über das Wesen des Menschen: den Menschen zeichnet zum einen seine Eigenständigkeit aus; gleichzeitig wird er als wesenhaft gemeinschaftsbezogen und gemeinschaftsgebunden beschrieben. Diese beiden Aspekte der Menschenbildformel, der Selbstand des Menschen und seine Sozialbezogenheit, geben den Rahmen vor, in den die übrigen Aussagen des Verfassungsgerichts eingefügt werden sollen.

A. Der Selbstand der Person

Studiert man die Judikatur des Bundesverfassungsgerichts, so läßt sich eine bunte Palette von Schlagworten erkennen, mit denen das Gericht wesentliche Gesichtspunkte dessen andeutet, was nach seiner Auffassung den Eigenwert des einzelnen Menschen ausmacht und bedingt. Hierzu gehören die Begriffe der "Sittlichkeit des Menschen", seine "Eigenständigkeit" und "Eigenverantwortlichkeit", die Fähigkeit zu freier Selbstbestimmung; eine häufig anzutreffende Konkretisierung des Selbstandes der Person bildet schließlich auch die bekannte Wendung, daß der einzelne nicht zum bloßen Objekt des Staates herabgewürdigt werden darf.

---

[3] Ein Anknüpfen an der Menschenbildformel bietet sich vor allem wegen der besonderen Bedeutung der Formel für die Menschenbildrechtsprechung des Bundesverfassungsgerichts an. Das Verfassungsgericht bezeichnet die Menschenbildformel der Investitionshilfe-Entscheidung als Bestandteil der ständigen Rechtsprechung des Verfassungsgerichts (BVerfGE 50, 290 (353) (Mitbestimmung)).

[4] BVerfGE 4, 7 (15 f.).

[5] Vgl. 4. Teil B. dieser Arbeit.

I. Sittlichkeit und Eigenständigkeit

In einigen Entscheidungen kennzeichnet das Bundesverfassungsgericht den Menschen als geistig sittliche Person[6] bzw. als autonome sittliche Persönlichkeit.[7] Hiermit ist zweierlei ausgedrückt. Der Mensch als "sittliches Wesen" meint zunächst, daß der einzelne auf die Werte des Guten hingeordnet ist.[8] Doch wird diese Hinordnung nicht als Determination verstanden; der Mensch verfügt trotz der Hinordnung über die Freiheit, zwischen Gut und Böse zu wählen und zu entscheiden.

Etwas unkonturiert bleibt in der Rechtsprechung der Karlsruher Richter der Begriff der Eigenständigkeit. Er gehört zur Menschenbild-Formel der Investitionshilfe-Entscheidung[9] und taucht folglich dort auf, wo in Entscheidungen jene Formel zitiert wird.[10] Gestalt gewinnt die "Eigenständigkeit" erst durch andere Facetten des Menschenbildes, insbesondere durch die Fähigkeit zu eigenverantwortlicher Lebensgestaltung, die als Voraussetzung für die Eigenständigkeit des Menschen aufgefaßt werden kann.

II. Selbstverantwortlichkeit

Die Eigenverantwortlichkeit des Menschen gehöre, so das Bundesverfassungsgericht, zum Menschenbild einer freiheitlichen Demokratie. Schon im KPD-Urteil wird dies hervorgehoben und zugleich angedeutet, welche Konsequenz hieraus für die Stellung des einzelnen in Staat und Gemeinschaft zu ziehen ist:

"In der freiheitlichen Demokratie ist die Würde des Menschen der oberste Wert. Sie ist unantastbar, vom Staate zu achten und zu schützen. Der Mensch ist danach eine mit der Fähigkeit zu eigenverantwortlicher Lebensgestaltung begabte 'Persönlichkeit'. Sein Verhalten und sein Denken können daher durch seine Klassenlage nicht eindeutig determiniert sein. Er wird vielmehr als fähig

---

6 BVerfGE 6, 32 (36) (Elfes-Urteil); 45, 187 (227) (Lebenslänglich).

7 BVerfGE 12, 45 (53); vgl. auch BVerfGE 9, 167 (171).

8 Stichwort "Sittlichkeit", in: *Müller/Halder*, Philosophisches Wörterbuch.

9 BVerfGE 4, 7 (15 f.) (Investitionshilfe-Entscheidung)

10 Vgl. etwa BVerfGE 8, 274 (329) (Preisbindungs-Gesetz); 19, 93 (96) (Zwangspflegschaft); 30, 1 (40) (Abhör-Urteil); 33 303 (334) (Numerus-clausus); 45, 187 (227 f.) (Lebenslänglich); 50, 166 (175) (Ausländer-Abschiebung); vgl. ohne ausdrücklichen Rekurs auf die Investitionshilfe-Entscheidung BVerfGE 35, 202 (225) (Lebach).

angesehen, und es wird ihm demgemäß abgefordert, seine Interessen und Ideen mit denen der anderen auszugleichen. Um seiner Würde willen muß ihm eine möglichst weitgehende Entfaltung seiner Persönlichkeit gesichert werden. Für den politisch-sozialen Bereich bedeutet das, daß es nicht genügt, wenn eine Obrigkeit sich bemüht, noch so gut für das Wohl von 'Untertanen' zu sorgen; der Einzelne soll vielmehr in möglichst weitem Umfange verantwortlich auch an den Entscheidungen für die Gesamtheit mitwirken. Der Staat hat ihm dazu den Weg zu öffnen ..."[11]

Auf die Eigenverantwortlichkeit des Menschen verweist das Bundesverfassungsgericht noch in einem anderen Kontext; mehrfach unterstreicht das Gericht, daß es Ziel der Erziehung sei, daß das Kind sich zu einer eigenverantwortlichen Persönlichkeit innerhalb der sozialen Gemeinschaft entwickeln könne.[12]

III. Recht zur Selbstbestimmung

Notwendiges Korrelat der Fähigkeit zu eigenverantwortlicher Lebensgestaltung bildet, wenn sich diese Fähigkeit entfalten können soll, das Selbstbestimmungsrecht des Menschen. Dieses Recht auf Eigenbestimmtheit ist in der Judikatur des Verfassungsgerichts verschiedentlich konkretisiert worden. Hierzu zwei Beispiele.

Im Volkszählungsurteil führt das Gericht aus, daß das allgemeine Persönlichkeitsrecht "... auch die aus dem Gedanken der Selbstbestimmung folgende Befugnis des Einzelnen, grundsätzlich selbst zu entscheiden, wann und innerhalb welcher Grenzen persönliche Lebenssachverhalte offenbart werden ..."

---

11 BVerfGE 5, 85 (204 f.).

12 Vgl. BVerfGE 24, 119 (144) (Verweigerte Adoptionseinwilligung); 47, 46 (72) (Sexualkundeunterricht); 56, 363 (384); 79, 51 (63) (Pfegeeltern); 83, 130 (140) (Josefine Mutzenbacher). Zu Recht macht Häberle auf den Konnex zwischen den Erziehungszielen und dem Menschenbild aufmerksam, vgl. *Häberle*, Das Menschenbild im Verfassungsstaat, S. 43 f.; *ders.*, Erziehungsziele und Orientierungswerte im Verfassungsstaat, S. 57 f.; vgl. auch *Evers*, Verfassungsrechtliche Determinanten der inhaltlichen Gestaltung der Schule, in: Essener Gespräche zum Thema Staat und Kirche, Bd. 12 (1977), S. 104 (115 f.). Kritisch in bezug auf einen Zusammenhang zwischen einem Menschenbild und Erziehungszielen äußert sich *Tomuschat*, Der staatlich geplante Bürger, in: Festschrift Menzel, S. 22 (33): "Das Grundgesetz hat kein normatives Menschenbild. Die Verfassung ist für alle da, und ihre Freiheitlichkeit zeigt sich gerade daran, daß dem Individuum die Möglichkeit gegeben wird, sich seinen Anlagen gemäß zu entfalten, ohne wie ein Zögling in eine bestimmte Schablone gepreßt und auf ein gemeischaftsförderliches Optimum zurechtgestutzt zu werden."

umfasse. Etwas später heißt es in der Entscheidung weiter: "Individuelle Selbstbestimmung setzt aber - auch unter den Bedingungen moderner Informationsverarbeitungstechnologien - voraus, daß dem Einzelnen Entscheidungsfreiheit über vorzunehmende oder zu unterlassende Handlungen einschließlich der Möglichkeit gegeben ist, sich auch entsprechend dieser Entscheidung tatsächlich zu verhalten. Wer nicht mit hinreichender Sicherheit überschauen kann, welche ihn betreffenden Informationen in bestimmten Bereichen seiner sozialen Umwelt bekannt sind, und wer das Wissen möglicher Kommunikationspartner nicht einigermaßen abzuschätzen vermag, kann in seiner Freiheit wesentlich gehemmt werden, aus eigener Selbstbestimmung zu planen oder zu entscheiden."[13]

Um den Inhalt und die Reichweite des Selbstbestimmungsrechts ging es auch im sogenannten "Transsexuellen-Beschluß".[14] Das Gericht hatte hier die Frage zu entscheiden, ob eine Transsexuelle nach Durchführung einer geschlechtsumwandelnden Operation Anspruch darauf habe, daß der Geschlechtseintrag im Geburtenbuch von "männlich" in "weiblich" geändert werde. Die Karlsruher Richter vertraten hierbei die Ansicht, Art. 1 Abs. 1 GG schütze die Würde des Menschen, wie er sich in seiner Individualität selbst begreife und seiner selbst bewußt werde. Hierzu gehöre, daß der Mensch über sich selbst verfügen und sein Schicksal eigenverantwortlich gestalten könne.[15] Das Gericht hielt im Ergebnis die Verfassungsbeschwerde der Transsexuellen für begründet.[16]

IV. Die Objektformel

1. Inhalt der Objektformel

Aus einem anderen Blickwinkel wird der Selbstand des Menschen durch die sogenannte Objektformel[17] beleuchtet. Während das Gericht versucht, den

[13] BVerfGE 65, 1 (41 ff.) (Volkszählung); vgl. auch BVerfGE 63, 131 (142) (Gegendarstellung).

[14] BVerfG 49, 286.

[15] BVerfGE 49, 286 (298).

[16] Vom Selbstbestimmungsrecht des Menschen als Facette des verfassungsgerichtlichen Menschenbildes spricht das Bundesverfassungsgericht auch in BVerfGE 8, 274 (328 f.) (Preisbindungs-Gesetz); 27, 1 (6 f.) (Mikrozensus); 45, 187 (227 f.) (Lebenslänglich); 48, 127 (163).

[17] Soweit ersichtlich, verwendet das Bundesverfassungsgericht die Objektformel zum ersten Mal in BVerfGE 7, 53 (57); vgl. des weiteren BVerfGE 9, 89 (95); 27, 1 (6);

Eigenwert des einzelnen mit den Begriffen "Sittlichkeit", "Eigenständigkeit", "Selbstverantwortlichkeit" und "Selbstbestimmung" positiv zu umschreiben, besteht die Originalität der Objektformel darin, daß sie den Selbstand der Person gleichsam negativ beschreibt.[18] Sie gibt an, wann die Grenze eines zulässigen Eingriffs in die menschliche Freiheit überschritten und mithin der Eigenwert des Menschen verletzt ist.

Die Objektformel taucht in vielerlei Abwandlungen und mit gelegentlichen Ergänzungen[19] in Urteilen des Bundesverfassungsgerichts auf. Einige Beispiele seien hierzu genannt.

In einer Entscheidung aus dem Jahr 1979 hatte das Gericht darüber zu befinden, ob die Abschiebung eines straffällig gewordenen Ausländers u.a. auch aus generalpräventiven Gründen mit dem Grundgesetz vereinbar sei. Das Gericht stellte dabei fest, daß es der menschlichen Würde widerspreche, den Menschen zum bloßen Objekt des Staates zu machen oder ihn einer Behandlung auszusetzen, die seine Subjektqualität prinzipiell in Frage stelle.[20]

In einer anderen Entscheidung führte das Gericht bei der Beurteilung der Frage, ob Arbeitspflichten im Rahmen des Jugendstrafvollzuges verfassungsgemäß sind, aus, daß sinnvoll angewendete Arbeitspflichten den Menschen nicht zum Objekt eines unbegrenzten Herrschaftszugriffs machen und auch nicht Ausdruck der Herabwürdigung oder Diskriminierung des Einzelnen sind.[21]

Ein drittes Beispiel aus der Judikatur des Bundesverfassungsgerichts zu diesem Aspekt des verfassungsgerichtlichen Menschenbildes macht zugleich auch

---

28, 386 (391) (Kurzzeitige Freiheitsstrafe); 30, 1 (25 f.) (Abhörurteil); 45, 187 (228); 47, 46 (74) (Sexualkundeunterricht); 47, 239 (247); 50, 166 (175) (Ausländer-Abschiebung); 57, 250 (275) (V-Mann); 64, 135 (145); 72, 105 (115) (Aussetzung lebenslanger Freiheitsstrafe); 74, 102 (122) (Arbeitspflichten nach JGG); 87, 209 (228) (Zombie).

18 Vgl. zur Legitimität einer negativen Interpretationsweise im Verfassungsrecht *Dürig*, Zur Bedeutung und Tragweite des Art. 79 III GG, S. 343 (346).

19 Nicht selten spricht das Verfassungsgericht im Zusammenhang mit der Objektformel davon, daß dem einzelnen ein sozialer Wert- und Achtungsanspruch zukomme; vgl. BVerfGE 27, 1 (6) (Mikrozensus); 28, 386 (391) (Kurzfristige Freiheitsstrafe); 45, 187 (228) (Lebenslänglich); 50, 166 (175) (Ausländer-Abschiebung); 72, 105 (115 f.) (Aussetzung lebenslanger Freiheitsstrafe).

20 BVerfGE 50, 166 (175); im konkreten Fall verneinte das Gericht eine Verletzung der menschlichen Würde. Vgl. auch BVerfGE 28, 386 (391): "Bei der Bestimmung der Strafart um des Bestands der Rechtsordnung willen wird der Täter nicht zum bloßen Objekt der Verbrechensbekämpfung unter Verletzung seines verfassungsrechtlich geschützten sozialen Wert- und Achtungsanspruchs ..."

21 BVerfGE 74, 102 (104).

deutlich, welche Konsequenz daraus abzuleiten ist, daß dem Menschen Eigenwert und Selbstand zukommt: ihm ist ein unantastbarer Bereich privater Lebensgestaltung zu garantieren.[22] Die folgenden Sätze entstammen der Mikrozensus-Entscheidung: "Im Lichte dieses Menschenbildes kommt dem Menschen in der Gemeinschaft ein sozialer Wert- und Achtungsanspruch zu. Es widerspricht der menschlichen Würde, den Menschen zum bloßen Objekt im Staat zu machen (...). Mit der Menschenwürde wäre es nicht zu vereinbaren, wenn der Staat das Recht für sich in Anspruch nehmen könnte, den Menschen zwangsweise in seiner ganzen Persönlichkeit zu registrieren und zu katalogisieren, sei es auch in der Anonymität einer statistischen Erhebung, und ihn damit wie eine Sache zu behandeln, die einer Bestandsaufnahme in jeder Beziehung zugänglich ist. Ein solches Eindringen in den Persönlichkeitsbereich durch eine umfassende Einsichtnahme in die persönlichen Verhältnisse seiner Bürger ist dem Staat auch deshalb versagt, weil dem Einzelnen um der freien und selbstverantwortlichen Entfaltung seiner Persönlichkeit willen ein 'Innenraum' verbleiben muß, in dem er 'sich selbst besitzt' und 'in den er sich zurückziehen kann, zu dem die Umwelt keinen Zutritt hat, in dem man in Ruhe gelassen wird und ein Recht auf Einsamkeit genießt' (...)."[23]

2. *Herkunft der Objektformel*

Obwohl die Herkunft der Objektformel seit längerem als geklärt angesehen wird, lohnt ein Blick auf ihre Wurzeln. Es ist in der verfassungsrechtlichen Literatur mehrfach darauf hingewiesen wird, daß das Bundesverfassungsgericht mit der Objektformel auf eine Formulierung Günter Dürigs zurückgreift.[24] Dürig hat diese Formel durch einen großen Aufsatz aus dem Jahre 1956 in die staatsrechtswissenschaftliche Diskussion eingeführt.[25] Daß er mit dieser Formel

---

[22] Vgl. 27, 1 (6); 32, 373 (379) m.w.N.

[23] BVerfGE 27, 1 (6); vgl. auch BVerfGE 35, 202 (220) (Lebach): "Das Recht auf freie Entfaltung der Persönlichkeit und die Menschenwürde sichern jedem Einzelnen einen autonomen Bereich privater Lebensgestaltung, in dem er seine Individualität entwickeln und wahren kann. Hierzu gehört auch das Recht, in diesem Bereich 'für sich zu sein', 'sich selber zu gehören' (...) ein Eindringen oder einen Einblick durch andere auszuschließen (...)."

[24] Vgl. etwa *Stern*, Staatsrecht III/1, S. 24; *Häberle*, Menschenwürde und Verfassung am Beispiel von Art. 2 Abs. 1 Verfassung Griechenland 1975, in: Rechtstheorie 11 (1980), S. 389 (422); *Geddert-Steinacher*, Menschenwürde als Verfassungsbegriff, S. 31.

[25] *Dürig*, Der Grundrechtssatz von der Menschenwürde, in: AöR 81 (1956), S. 117-157; dieser Aufsatz wurde zum Kernstück Dürigs Interpretation von Art. 1 Abs. 1 GG in

an die Philosophie Immanuel Kants anknüpft, ist von mehreren Autoren[26] (auch von Dürig selbst)[27] hervorgehoben worden.

Dieser Traditionsstrang Kant - Dürig - Bundesverfassungsgericht mag durch drei Zitate illustriert werden.

Kant schreibt in der Grundlegung zur Metaphysik der Sitten: "Handle so, daß du die Menschheit in Deiner Person, als in der Person eines jeden anderen jederzeit zugleich als Zweck, niemals bloß als Mittel brauchst."[28]

Günter Dürig formuliert: "Der Grundrechtsträger darf nicht zum Objekt des staatlichen Geschehens gemacht werden."[29]

Und in der Mikrozensus-Entscheidung heißt es: "Es widerspricht der menschlichen Würde, den Menschen zum bloßen Objekt im Staat zu machen ..."[30]

Vergleicht man die drei Zitate genauer, so fällt auf, daß sich das Bundesverfassungsgericht mit seiner Objektformel enger an die Formulierung Kants als an die Dürigs anlehnt. Denn in der Objektformel des Verfassungsgerichts findet sich wie bei Kant und im Gegensatz zu der Stelle bei Dürig das kleine Wörtchen "bloß". Dieses Wort gibt dem Satz jedoch eine deutlich andere Aussage. Bei Kant und in der Formulierung des Bundesverfassungsgerichts wird zwar ausgesprochen, daß der Mensch nicht als reines Objekt behandelt werden darf. Doch beinhaltet die Objektformel dort jeweils zugleich, daß jeder (etwa in einem staatlichen Verfahren) *bis zu einem gewissen Grad* Objekt ist.[31] Dieser

---

dem von ihm und Maunz begründeten Grundgesetzkommentar. Vgl. zur Objektformel auch: *Dürig*, Die Menschenauffassung des Grundgesetzes, in: JR 1952, S. 259.

26 Am eingehensten: *Geddert-Steinacher*, Menschenwürde als Verfassungsbegriff, S. 31 ff.; vgl. auch *Badura*, Generalprävention und Würde des Menschen, in: JZ 1964, S. 337 (339); *Vitzthum*, Die Menschenwürde als Verfassungsbegriff, in: JZ 1985, S. 201 (205 f.).

27 *Dürig*, in: Maunz/Dürig/Herzog/Scholz, Grundgesetz, Fuß. 3 zu Rdnr. 21 bei Art. 3 Abs. 1.

28 *Kant*, Grundlegung zur Metaphysik der Sitten, S. 52.

29 *Dürig*, Der Grundrechtssatz von der Menschenwürde, in: AöR 81 (1956), S. 117 (136); vgl. in dem gleichen Aufsatz die Verwendung der Objektformel auf den Seiten 127 f., 130 f., 136, 138-140, 144-146, 148-150, 153 f.

30 BVerfGE 27, 1 (6).

31 Vgl. deutlich in diesem Sinne BVerfGE 61, 126 (137) (Erzwingungshaft für eidesstattliche Erklärung): "Es ließe sich sogar sagen, daß das Antragserfordernis der Menschenwürde eher entspreche als ein von Amts wegen zu gewährender Schutz, weil insoweit gerade die Selbstverantwortlichkeit des Schuldners respektiert und vermieden wird, ihn mehr als notwendig zum Objekt werden zu lassen (...)." Diese Relativierung der Objektformel ist vom Bundesverfassungsgericht konsequent durchgehalten; vgl. BVerfGE 7, 53 (57 f.); 9, 89 (95); 27, 1 (6); 28, 386 (391); 45, 187 (228); 47, 46 (74);

Aspekt der Gemeinschaftsgebundenheit des Menschen fehlt in der Dürigschen Formulierung, sie betont allein den Eigenwert des Menschen[32], weshalb der Verweis auf die Urheberschaft Dürigs in bezug auf die Objektformel, wie sie das Bundesverfassungsgericht verwendet, nicht ganz zutreffend ist.

B. Der Sozialbezug

Wurde in der Skizze des verfassungsgerichtlichen Menschenbildes bislang nur berücksichtigt, in welcher Weise das Bundesverfassungsgericht seine Auffassung vom Selbstand des Menschen konkretisiert und entfaltet, so gilt es, zur Vervollständigung des Menschenbildes der Karlsruher Richter ihre Ausführungen zur Sozialnatur des Menschen in den Blick zu nehmen, die, wie dargelegt, bereits in der Objektformel anklingt.

Mag dem einzelnen, wie in der Mikrozensus-Entscheidung ausgesprochen, ein "Recht auf Einsamkeit" zustehen, einsam oder isoliert ist der Mensch in den Augen der Karlsruher Richter keineswegs. Sie kennzeichnen ihn als gemeinschaftbezogen und -gebunden, ihr Menschenbild ist das eines "zoon politikon".

I. Die Hinordnung auf die Gemeinschaft

Der Mensch wird vom Bundesverfassungsgericht als der Gemeinschaft bedürftig geschildert, er ist auf Kommunikation angewiesen[33], da sich nur im Miteinander mit anderen die Persönlichkeit des einzelnen entfalten kann.[34] Dieser Aspekt des Menschenbildes kommt in der Judikatur des Verfassungsge-

---

47, 239 (247); 50, 166 (175); 50, 205 (215); 57, 250 (275); 61, 126 (137); 63, 139 (143); 64, 135 (145); 72, 105 (116); 74, 102 (122), 87, 209 (228).

[32] Der Asepkt der Gemeinschaftsgebundenheit taucht in dem gesamten Aufsatz Dürigs "Der Grundrechtssatz von der Menschenwürde" (AöR 81 (1956), S. 117 ff.) nicht auf. In seiner Kommentierung von Art. 1 Abs. 1 GG in dem von ihm mitherausgegebenen Grundgesetzkommentar, deren Teil I und II im wesentlichen identisch mit jenem Aufsatz sind, findet sich noch ein Teil III. Dieser Abschnitt trägt die Überschrift "Der Mensch in der Gemeinschaft" und beginnt mit der Feststellung: "Das bisher erstellte Bild des Menschen als Träger einer unantastbaren Würde ist noch einseitig." (*Dürig*, in: Maunz/Dürig/Herzog/Scholz, Grundgesetz, Art. 1 Abs. 1 Rd. 46). In diesem Abschnitt wendet sich die Kommentierung der Gemeinschaftsbezogenheit und Gemeinschaftsgebundenheit des Menschen zu. Die Objektformel wird hier nicht mehr aufgegriffen.

[33] BVerfGE 65, 1 (44) (Volkszählung).

[34] BVerfGE 50, 290 (353 f.) (Mitbestimmung).

richts beispielsweise dort zum Tragen, wo sich das Gericht mit Fragen des Strafvollzugs auseinandersetzt, da bei einem zu einer Freiheitsstrafe Verurteilten für die Dauer der Haftstrafe ein großer Teil der Sozialkontakte unterbrochen bzw. erschwert ist.

In der Entscheidung des Bundesverfassungsgerichts zur Verfassungsmäßigkeit lebenslanger Freiheitsstrafen schreibt das Gericht: "Der Täter darf nicht zum bloßen Objekt der Verbrechensbekämpfung unter Verletzung seines verfassungsrechtlich geschützten sozialen Wert- und Achtungsanspruch gemacht werden (...). Die grundlegenden Voraussetzungen individueller *und sozialer* Existenz des Menschen müssen erhalten bleiben."[35]

II. Die Begrenztheit individueller Freiheit; die Pflichtgebundenheit des Menschen

Der Entwurf des Menschenbildes erhält in der Rechtsprechung des Bundesverfassungsgerichts noch einen wichtigen Zusatz. Das Gericht behauptet nicht lediglich eine wesenhafte Verwiesenheit des Menschen auf Gemeinschaft, sondern leitet hieraus auch Konsequenzen für die Freiheit des einzelnen ab.

Wegen der Gemeinschaftsbezogenheit des Menschen ist die menschliche Freiheit nicht "prinzipiell unbegrenzt".[36] Diesen Aspekt des Menschenbildes betont das Bundesverfassungsgericht bereits in der Investitionshilfe-Entscheidung. Dort spricht das Gericht von einer Schranke der allgemeinen Handlungsfreiheit des Art. 2 Abs. 1 GG, nämlich der Gemeinschaftsbezogenheit und Gemeinschaftsgebundenheit, die nicht unmittelbar dem Verfassungstext zu entnehmen ist[37], sondern vom Verfassungsgericht aus dem 'Menschenbild des Grundgesetzes' abgeleitet wird.[38]

In einigen Entscheidungen folgert das Bundesverfassungsgericht aus der Gemeinschaftsbezogenheit und Gemeinschaftsgebundenheit nicht nur die Begrenztheit individueller Freiheit, sondern spricht davon, daß das

[35] BVerfGE 45, 187 (228) (Hervorhebung nicht im Original); vgl. auch BVerfGE 36, 174 (188); 45, 187 (245). Auf diese Facette des Menschenbildes weisen auch *Benda* ("Die Würde des Menschen ist unantastbar", S. 24) und *Häberle* (Das Menschenbild im Verfassungsstaat, S. 47) hin.

[36] So ausdrücklich BVerfGE 45, 187 (227).

[37] *Häberle*, Das Menschenbild im Verfassungsstaat, S. 45.

[38] Vgl. BVerfGE 4, 7 (15 f.); vgl. hierzu ausführlich 5. Teil A. I.

'Menschenbild des Grundgesetzes' das der in der Gemeinschaft stehenden und ihr vielfältig *verpflichteten* Persönlichkeit ist.[39]

Worin die vielfältigen Verpflichtungen des einzelnen gegenüber der Gemeinschaft bestehen, wird jedoch vom Bundesverfassungsgericht nicht ausdrücklich ausgeführt, weshalb es schwierig ist, diese Facette des verfassungsgerichtlichen Menschenbildes mit Beispielen näher zu beschreiben. Zwar findet sich der Begriff der "der Gemeinschaft vielfältig verpflichteten Persönlichkeit" in Verbindung mit Ausführungen des Gerichts zur allgemeinen Wehrpflicht.[40] Doch der Verweis auf die allgemeine Wehrpflicht, von der nur männliche Staatsangehörige im wehrfähigen Alter betroffen sind, erklärt nicht in hinreichendem Maße, worin die *vielfältigen* Verpflichtungen des Menschen, gleichgültig ob weiblichen oder männlichen Geschlechts, gegenüber der Gemeinschaft bestehen. Diesbezüglich fehlt es an Konkretisierungen des 'Menschenbildes des Grundgesetzes' in der Judikatur des Bundesverfassungsgerichts.

C. Zusammenfassung

Anders als beispielsweise das Bild der Ehe[41] wird das 'Menschenbild des Grundgesetzes' vom Bundesverfassungsgericht in einer Vielzahl von Entscheidungen konkretisiert. Auf diese Weise hat sich im Laufe der Zeit ein Bild vom Menschen in der Rechtsprechung des Bundesverfassungsgerichts herauskristallisiert, das den Eigenwert der Person und die menschliche Sozialgebundenheit als Hauptcharakteristika beinhaltet. Diese Grundstruktur des Menschenbildes lag nicht von Anfang an fest, wie ein Blick in die erste Entscheidung zeigt, in der das Verfassungsgericht menschenbildbezogen argumentiert. Im SRP-Urteil, in dem es u.a. um eine Klärung des Begriffs der freiheitlichen demokratischen Grundordnung in Art. 21 Abs. 2 Satz 1 GG ging, führte das Gericht aus: "Dieser Grundordnung liegt letztlich nach der im Grundgesetz getroffenen verfassungspolitischen Entscheidung die Vorstellung zugrunde, daß der Mensch in der Schöpfungsordnung einen eigenständigen Wert besitzt und Freiheit und Gleichheit dauernde Grundwerte der staatlichen Einheit sind."[42]

---

39 BVerfGE 12, 45 (51); 28, 175 (189); 33, 1, (10 f.).
40 BVerfGE 12, 45 (51) (Totalverweigerung).
41 Vgl. 1. Teil, I., 1.
42 BVerfGE 2, 1 (12) (SRP-Uteil).

Neben der Betonung des Eigenwerts des Menchen schwingen in der Urteilspassage in dem religiös gefärbten Begriff der Schöpfungsordnung[43] zwei mögliche Bezugspunkte eines Menschenbildes mit. Es ist dies zum einen die Beziehung zu Gott.[44] Zum anderen klingt in diesem Wort die Vorstellung an, daß die Umwelt des Menschen nicht nur aus Mitmenschen besteht, sondern daß den Menschen auch Natur als Um-Welt umgibt. Diese hier im Keim vorhandenen weiteren Pole eines Menschenbildes werden jedoch in der weiteren Menschenbildrechtsprechung nicht aufgenommen und entfaltet. Vielmehr prägte das Bundesverfassungsgericht zwei Jahre später in der Investitionshilfe-Entscheidung die Formel, auf der die folgende Menschenbildrechtsprechung aufbaut.

Allerdings ist dem Eindruck entgegenzuwirken, daß bis auf den Inhalt der "vielfältigen Verpflichtetheit" des Menschen gegenüber der Gemeinschaft das 'Menschenbild des Grundgesetzes' eindeutig und klar den Entscheidungen des Bundesverfassungsgerichts zu entnehmen sei. Denn die verschiedenen Umschreibungen und Konkretisierungen des Menschenbildes des Grundgesetzes sind, wenn man sie nebeneinander stellt, keineswegs deckungsgleich bzw. von ihrer Tendenz her gleichgerichtet, was zu einer gewissen Undeutlichkeit des Menschenbildes beiträgt. Zwischen der Formulierung, daß das 'Menschenbild des Grundgesetzes' "nicht das des selbstherrlichen Individuums, sondern das der in der Gemeinschaft stehenden und ihr vielfältig verpflichteten Persönlichkeit" sei[45] und der Kennzeichnung des Menschenbildes als das einer "eigenverantwortlichen Persönlichkeit, die sich innerhalb der sozialen Gemeinschaft frei entfaltet"[46], sind deutliche Akzentverschiebungen sichtbar, was die Freiheit und Selbstverantwortlichkeit bzw. die Pflichtgebundenheit des Menschen angeht.[47] Das Menschenbild wird aufgrund unterschiedlicher Akzentuie-

---

[43] Der Begriff taucht in der ersten Entscheidung des Bundesverfassungsgerichts zum § 218 StGB aus dem Jahre 1975 noch einmal auf, BVerfGE 39, 1 (67).

[44] Vgl. *Häberle*, Das Menschenbild im Verfassungsstaat, S. 11 ff., der das Menschenbild als "Korrelat-Begriff im Spektrum der Bezugsgrößen Gottes-Bild, Welt-Bild und Volks-Bild" bezeichnet. Im Blick auf die oben zitierte Passage aus dem SPR-Urteil spricht *Kimminich* (Die Entwicklung des öffentlichen Wertbewußtseins und die Verantwortung des Staates, S. 11) davon, daß sich das Grundgesetz auf ein christliches Menschenbild festlege. Vgl. hierzu zurückhaltend *von Mangoldt/Klein/Starck*, Das Bonner Grundgesetz, Art. 1 Abs. 1 Rd. 1 ff., insbes. Rd. 3.

[45] BVerfGE 12, 45 (51) (Kriegsdienstverweigerung); 28, 175 (189) (MfS-Kontakte); 33, 1 (10 f.) (Grundrechtsschutz Strafgefangener).

[46] BVerfGE 30, 173 (193) (Mephisto); vgl. auch BVerfGE 7, 198 (205) (Lüth), 21, 362 (372); 32, 98 (107 f.) (Gesundbeter); 34, 269 (281) (Soraya); 52, 131 (168 f.) (Arzthaftung).

[47] Bei diesen Zitaten handelt es sich wohlgemerkt jeweils nicht um Skizzen unterschiedlicher *Teil*aspekte des Menschenbildes des Grundgesetzes, sondern um Umschreibungen des Menschenbildes als *Ganzem*. Sie bezeichnen mithin ein und denselben

rung nicht völlig konturlos; die Menschenbildformel, der sich die Arbeit im folgenden zuwendet, kann als Rahmen des Menschenbildes des Grundgesetzes bezeichnet werden. Doch ist das Bild auf der anderen Seite auch nicht wirklich konturscharf: die Balance zwischen dem Eigenwert der Person und seiner Gemeinschaftsgebundenheit bleibt verschwommen.[48]

Und auf etwas Weiteres ist hinzuweisen, was bei der Darstellung des Menschenbildes bis an diese Stelle noch nicht hinreichend deutlich wurde. Nicht in jeder Entscheidung, in der das Verfassungsgericht auf das 'Menschenbild des Grundgesetzes' Bezug nimmt, umschreibt es dieses Bild mit neuen Worten. Vielmehr haben sich im Laufe der Menschenbildrechtsprechung bestimmte Formulierungen "etabliert", auf die das Verfassungsgericht immer wieder zurückgreift. Zu diesen feststehenden Formulierungen gehört die eben zitierte Kennzeichnung des Menschenbildes des Grundgesetzes als "das der in der Gemeinschaft stehenden und ihr vielfältig verpflichteten Persönlichkeit"[49] ebenso wie die Beschreibung des Menschen als "eigenverantwortliche Persönlichkeit, die sich innerhalb der sozialen Gemeinschaft frei entfaltet."[50] Häufiger spricht das Verfassungsgericht auch vom Menschen als "eigenverantwortlicher Persönlichkeit innerhalb der sozialen Gemeinschaft."[51] Von diesen festgefügten Umschreibungen des Menschenbildes kommt der Menschenbildformel aus der Investitionshilfe-Entscheidung besonderes Gewicht zu, und zwar nicht nur, weil das Gericht besonders häufig auf sie zurückgreift[52], sondern weil die Karlsruher

---

Gegenstand und machen deshalb durch ihre Unterschiedlichkeit das Menschenbild unscharf.

[48] Diese Unschärfe des Menschenbildes bewertet *Häberle* (Das Menschenbild im Verfassungsstaat, S. 61) entschieden positiv: "Das verfassungsrechtlich normierte Menschenbild ist flexibel genug, um der Pluralität und Konkurrenz der vielen verschiedenen Menschenbilder Raum zu lassen. (...) Das GG schreibt nicht im einzelnen vor, wie intensiv die Bindung der grundrechtlichen Freiheit sein soll - vorbehaltlich der 'letzten' Grenzen der Wesensgehaltgarantie des Art. 19 Abs. 2 GG bzw. des Übermaßverbots etc. Dem politischen Prozeß bleibt Raum, das Menschenbild-Element 'Gemeinschaftsbezogenheit' des BVerfG zu variieren und konkretisieren, je nach den Programmen der politischen Parteien." Zur Auseinandersetzung mit dieser Einschätzung vgl. 5. Teil D. dieser Arbeit.

[49] BVerfGE 12, 45 (51) (Wehrpflicht); 28, 175 (189) (MfS-Kontakte); 33, 1 (10 f.) (Grundrechtsschutz Strafgefangener).

[50] BVerfGE 30, 173 (193) (Mephisto); vgl. auch BVerfGE 7, 198 (205) (Lüth), 21, 362 (372); 32, 98 (107 f.) (Gesundbeter); 34, 269 (281) (Soraya); 52, 131 (168 f.) (Arzthaftung).

[51] BVerfGE 24, 119 (144) (Verweigerte Adoptionseinwilligung); 56, 363 (384); 74, 102 (122) (Arbeitspflicht nach JGG); 79, 51 (63) (Pflegeeltern); 83, 130 (140) (Josefine Mutzenbacher).

[52] Vgl. BVerfGE 7, 320 (323) (FKK-Urteil); 8, 274 (329) (Preisbindungs-Gesetz); 27, 1 (7) (Mikrozensus); 27, 344 (351) (Scheidungsakten); 30, 1 (20) (Abhörurteil); 32,

Richter diese Menschenbildformel im Mitbestimmungsurteil aus dem Jahr 1979 ausdrücklich als Bestandteil der ständigen Rechtsprechung des Gerichts kennzeichnen.[53] Und auch in der Literatur wird im Zusammenhang mit dem 'Menschenbild des Grundgesetzes' stets jene Passage aus der Investitionshilfe-Entscheidung zitiert.[54]

Wegen der großen Bedeutung dieser Formel innerhalb der Menschenbildrechtsprechung des Bundesverfassungsgerichts werden in den beiden nächsten Kapiteln unterschiedliche Aspekte der Menschenbildformel behandelt. Im einzelnen geht es zunächst darum, ihre Herkunft zu beleuchten und ihren Aussagegehalt zu präzisieren. Sodann soll untersucht werden, inwieweit die Menschenbildformel tatsächlich das 'Menschenbild des Grundgesetzes' widerspiegelt.

---

373 (379) (Arztkartei); 33, 303 (334) (Numerus clausus); 33, 367 (376 f.) (Zeugnisverweigerungsrecht Sozialarbeiter); 34, 238 (246) (Tonband-Beschluß); 38, 105 (115) (Anwalt bei Zeugenaussage); 45, 187 (227) (Lebenslänglich); 50, 166 (175) (Ausländer-Abschiebung); 50, 290 (353) (Mitbestimmung); 56, 37 (49) (Selbstbezichtigung); 65, 1 (46) (Volkszählung).

53 BVerfGE 50, 290 (353).

54 Vgl. etwa *Benda*, Menschenwürde und Persönlichkeitsrecht, in: ders./Maihofer/Vogel (Hrsg.), Handbuch des Verfassungsrechts, S. 161 (163 f.); *Evers*, Verfassungsrechtliche Determinanten der inhaltlichen Gestaltung der Schule, in: Essener Gespräche zum Thema Staat und Kirche, Bd. 12 (1977), S. 104 (115 f.); *Häberle*, Das Menschenbild im Verfassungsstaat, S. 44 f.; *Höfling*, Offene Grundrechtsinterpretation, S. 111 f.; *Geiger*, Menschenrecht und Menschenbild in der Verfassung der Bundesrepublik Deutschland, S. 6; *Stern*, Staatsrecht III/1, S. 31 f.; *Tomuschat*, Der staatlich geplante Bürger, in: Festschrift Menzel, S. 22 (32).

Dritter Teil

Die Herkunft der Menschenbildformel

Die Frage nach dem Ursprung der Menschbildformel, wie sie sich in der Investitionshilfe-Entscheidung[1] des Bundesverfassungsgerichts findet, darf seit längerem als geklärt gelten. Stern[2] weist zutreffend darauf hin, daß das Verfassungsgericht mit dieser Formel eine Formulierung des damaligen Präsidenten des Bundesverfassungsgerichts Josef Wintrich aufnimmt, die dieser in einem Festschriftbeitrag aus dem Jahr 1952 geprägt hat. Wintrich schreibt dort: "Die Freiheit des einzelnen ist nicht 'prinzipiell unbegrenzt', weil der Mensch nicht 'isoliertes' Einzelwesen, sondern Person und als solche notwendig zugleich Gemeinschaftswesen und damit gemeinschaftsgebunden ist. Da die Gemeinschaft sich aus freien eigenständigen Personen aufbaut, die durch ihr Zusammenwirken das Gemeinschaftsgut verwirklichen, muß aber der Mensch auch in der Gemeinschaft und ihrer Rechtsordnung immer 'Zweck an sich selbst' (Kant) bleiben (...)."[3]

Im Vergleich hierzu lautet die Menschenbildformel des Bundesverfassungsgerichts: "Das Menschenbild des Grundgesetzes ist nicht das des isolierten souveränen Individuums; das Grundgesetz hat vielmehr die Spannung Individuum - Gemeinschaft im Sinne der Gemeinschaftsbezogenheit und Gemeinschaftsgebundenheit der Person entschieden, ohne dabei deren Eigenwert anzutasten."[4]

Die Ähnlichkeit der beiden Beschreibungen eines Menschenbildes ist augenfällig, sie reicht bis in die Satzkonstruktion hinein. Beide Formeln beginnen mit einer Negation; sie enthalten als zentralen Terminus den Begriff der Gemeinschaftsgebundenheit und betonen am Ende mit dem Eigenwert, der Selbstzwecklichkeit des Menschen die Grenzen der gemeinschaftlichen Ansprüche gegenüber dem Individuum.

---

1 BVerfGE 4, 7 (15 f.).

2 Staatsrecht III/1, S. 32, Fn. 131.

3 *Wintrich*, Über Eigenart und Methode verfassungsgerichtlicher Rechtsprechung, in: Festschrift Laforet, S. 227 (235 f.).

4 BVerfGE 4, 7 (15).

Aufgrund dieser Ähnlichkeit, der auf die Verwandtschaft beider Formeln hinweist, ist es möglich, Einflüsse aufzuzeigen, die das Bundesverfassungsgericht mit seiner Menschenbildformel aufgenommen hat. Zwar hat sich das Bundesverfassungsgericht selbst nicht zu irgendwelchen Traditionslinien geäußert, an die es mit der Menschenbildformel anknüpfen will. Doch bietet sich die Möglichkeit, anhand der Menschenbildformel Wintrichs aus der Laforet-Festschrift einige Einflüsse nachzuweisen, die sich in seinem Menschenbild niedergeschlagen haben und die auf diese Weise mittelbar vom Bundesverfassungsgericht - bewußt oder unbewußt - rezipiert wurden.

Begonnen sei mit einigen biographischen Anmerkungen, bevor Wintrichs Auffassung vom Wesen des Menschen skizziert wird und schließlich einige Traditionsstränge verdeutlicht werden, die in Wintrichs Menschenbild fortwirken.

A. Zu Person und Wirken von Josef M. Wintrich[5]

Josef Marquard Wintrich wurde am 15. Februar 1891 in München geboren. Nach der Promotion im Jahre 1921 begann Wintrich mit den Arbeiten an einer Habilitationsschrift zu dem Thema "Der Begriff des formellen und des materiellen Gesetzes im deutschen und im französischen Recht", die jedoch unvollendet blieb.[6] Zu seinen akademischen Lehrern zählten Hans Nawiasky und Karl Rothenbücher.[7] An der Münchener Universität trat er von 1921 bis 1933 als Lehrbeauftragter für Staatsrecht in Erscheinung.[8]

Die eigentliche Wirkungsstätte Wintrichs bildete freilich nicht die Universität, vielmehr prägte seinen beruflichen Werdegang der Justizdienst. Von 1921 bis 1945 als Richter und Staatsanwalt bei den bayerischen Justizbehörden tätig, gelangte er nach dem Zusammenbruch der nationalsozialistichen Herrschaft schnell in hohe Richterpositionen. Stichwortartig seien die Stationen seiner Richterlaufbahn angedeutet: Oberlandesgerichtsrat und Mitglied des neu errichteten Bayerischen Verfassungsgerichtshofs (1947), Senatspräsident des

---

[5] Vgl. hierzu ausführlicher: *Maunz*, Ringen um ein wertgebundenes Recht: Der Präsident des Bundesverfassungsgerichts Dr. Josef Marquard Wintrich, in: JöR n.F. 33 (1984), S. 167-174; *ders.*, Stichwort "Wintrich", in: Staatslexikon, Band VIII, 6. Auflage (1963), Sp. 714-716.

[6] Vgl. *Maunz*, Ringen um ein wertgebundenes Recht: Der Präsident des Bundesverfassungsgerichts Dr. Josef Marquard Wintrich, in: JöR n.F. 33 (1984), S. 167 (168).

[7] Vgl. *Maunz*, Stichwort "Wintrich", in: Staatslexikon, Band VIII, Sp. 714.

[8] Vgl. *Maunz*, Stichwort "Wintrich", in: Staatslexikon, Band VIII, Sp. 714.

Oberlandesgerichtes München (1949), ab 1953 Präsident dieses Gerichtes. 1954 wurde er zum Präsidenten des Bundesverfassungsgerichts gewählt, ein Amt, das er bis zu seinem Tod am 19. Oktober 1958 bekleidete. Vor seiner Zugehörigkeit zum Bundesverfassungsgericht wirkte Wintrich an einer grundlegenden Weichenstellung für die Arbeit des Gerichtes mit. Als Vertreter Bayerns in den Vorberatungen des Bundesverfassungsgerichtsgesetzes hatte er maßgeblichen Anteil daran, daß die Möglichkeit der Verfassungsbeschwerde für den einzelnen Bürger in das Gesetz aufgenommen wurde (vgl. § 90 BVerfGG).[9]

Wintrich hat nach 1949 keine umfangreichen wissenschaftlichen Schriften veröffentlicht, doch finden sich aus den Jahren 1950 bis 1958 zahlreiche kleinere Aufsätze, Zeitschriften- und Festschriftbeiträge aus seiner Hand.[10] Gleich einem roten Faden zieht sich durch Wintrichs Veröffentlichungen aus jener Zeit das Bemühen um einen wertgebundenen Rechtsbegriff. Im Zusammenhang mit diesem Bemühen entwickelt Wintrich seine Vorstellung vom Wesen des Menschen, sein Menschenbild.

B. Wintrichs Menschenbild

Wintrich unterscheidet zwei "Urgegebenheiten"[11] des menschlichen Wesens: die Würde des Menschen und seine Angewiesenheit auf Gemeinschaft.[12] Den

---

[9] Vgl. *Maunz*, Stichwort "Wintrich", in: Staatslexikon, Band VIII, Sp. 714 (715); *ders.*, Ringen um ein wertgebundenes Recht: Der Präsident des Bundesverfassungsgerichts Dr. Josef Marquard Wintrich, in: JöR n.F. 33 (1984), S. 167 (170).

[10] Vgl. *Wintrich*, Schutz der Grundrechte durch Verfassungsbeschwerde, Regensburg 1950; *ders.*, Über Eigenart und Methode verfassungsrechtlicher Rechtsprechung, in: Festschrift Laforet, S. 227-249; *ders.*, Die Rechtsprechung des Bayerischen Verfassungsgerichtshofs, in: Recht Staat Wirtschaft, 4. Band (1953), S. 139-170; *ders.*, Ansprache bei der Amtseinführung am 9. Juni 1954, in: Das Bundesverfassungsgericht, S. 5-11; *ders.*, Die Verfassungsgerichtsbarkeit im Gesamtgefüge der Verfassung, in: BayVBl 1956, S. 97-100 und S. 132-135; *ders.*, Aufgabe, Wesen, Grenzen der Verfassungsgerichtsbarkeit, in: Festschrift Nawiasky, S. 191-211; *ders.*, Die Bedeutung der "Menschenwürde" für die Anwendung des Rechts, in: BayVBl 1957, S. 137-140; *ders.*, Zur Problematik der Grundrechte, Köln und Opladen 1957; *ders.*, Zur Auslegung und Anwendung des Art. 2 Abs. 1 GG, in: Festschrift Apelt, S. 1-11; *ders.*, Grundfragen des Verfassungsrechts in der Rechtsprechung des Bayerischen Verfassungsgerichtshofs, in: BayVBl 1958, S. 97-101.

[11] *Wintrich*, Die Rechtsprechung des Bayerischen Verfassungsgerichtshofs, in: Recht Staat Wirtschaft, 4. Band (1953), S. 139 (144); *ders.*, Ansprache bei der Amtseinführung am 9. Juni 1954, in: Das Bundesverfassungsgericht, S. 5 (6).

[12] Vgl. etwa *Wintrich*, Zur Problematik der Grundrechte, S. 6 f.

gleichen Sachverhalt drückt Wintrich in einem Festschriftbeitrag aus dem Jahr 1958 mit dem Begriffspaar "Personsein" und "Persönlichkeit"[13] aus.[14]

I. Das "Personsein"

Der Mensch sei, so Wintrich, wesensmäßig hingeordnet auf objektive Werte.[15] Die Ausrichtung auf objektive Werte bedeute aber keine Festlegung, wie der einzelne Mensch sich den objektiven Werten gegenüber verhalte, bedeute keine Determination. vielmehr sei das menschliche Verhalten insoweit von der inneren Freiheit gekennzeichnet, ob der Handelnde "dem von ihm erkannten inneren Gesetz, dem Gesetz des moralischen Sollens, folgen will oder nicht."[16] Diese Anlage des Menschen, seine Fähigkeit zu Selbstbewußtsein und Selbstbestimmung, seine sittliche Autonomie, hebe ihn von allen übrigen Lebewesen ab, sie bezeichnet Wintrich mit dem Begriff des "Personseins". In der Personhaftigkeit eines jeden Menschen erblickt Wintrich dessen Einzigartigkeit, den Grund für die Würde des einzelnen.[17]

Doch ist hiermit für Wintrich das Wesen des Menchen noch nicht vollständig erfaßt. Das Menschenbild fügt sich für ihn erst zu einem Ganzen, wenn neben dem gleichsam statischen Element der Personhaftigkeit des Menschen auch die "soziale Struktur" des menschlichen Wensens, die existentielle Verwiesenheit auf Kommunikation und Gemeinschaft mit anderen erkannt werde.[18] Wintrich bezeichnet sie als "Persönlichkeit" des Menschen.[19]

---

13 Wintrich knüpft hier wohl an Dürig an, der in seinem Aufsatz "Die Menschenauffassung des Grundgesetzes" (in: JR 1952, S. 259-263) sorgsam zwischen den Begriffen "Person" und "Persönlichkeit" unterscheidet (vgl. insbes. S. 250 f.).

14 *Wintrich*, Zur Auslegung und Anwendung des Art. 2 Abs. 1 GG, in: Festschrift Apelt, S. 1 (2-4).

15 *Wintrich*, Über Eigenart und Methode verfassungsrechtlicher Rechtsprechung, in: Festschrift Laforet, S. 227 (231 f.).

16 *Wintrich*, Zur Problematik der Grundrechte, S. 6.

17 Vgl. *Wintrich*, Zur Auslegung und Anwendung des Art. 2 Abs. 1 GG, in: Festschrift Apelt, S. 1 (2).

18 *Wintrich*, Zur Problematik der Grundrechte, S. 6 f.

19 *Wintrich*, Zur Auslegung und Anwendung des Art. 2 Abs. 1 GG, in: Festschrift Apelt, S. 1 (2).

II. Die Persönlichkeit

Während das Personsein das "naturale Fundament, die unveränderliche Grundlage"[20] eines Menschen darstellt, meint Persönlichkeit die Entfaltung jener Anlagen im Miteinander mit anderen Menschen. Sie stellt das dynamische Element des Menschenbildes dar. Die Persönlichkeit ist zu verstehen als Auswirkung der Personhaftigkeit des einzelnen Menschen im gemeinschaftlichen Leben mit anderen Menschen.

Dieser Deutung liegt die Annahme zugrunde, daß der Mensch in seiner Natur notwendig "animal sociale" ist. Wintrich drückt dies mit einem Heidegger-Zitat aus: "Unser Sein ist wesentlich Mitsein. Menschliches Sein ist gleich Mitmensch sein."[21] Das Phänomen der Gemeinschaft ist mithin in der Seinsstruktur des einzelnen Menschen angelegt. Der Mensch kann nach Wintrich nicht als "isoliertes, sich selbst genügendes, souveränes Einzelwesen"[22] existieren, sondern nur in einer Gemeinschaft als Person leben und seine Anlagen entfalten.[23]

Wintrich gelangt auf diesem Weg zu dem Schluß, das das Phänomen "Gemeinschaft" durch die Seinsstruktur des Menschen notwendig bedingt sei. Zudem gelinge es erst in Gemeinschaft (und nicht in einem einzelnen menschlichen Leben), daß sich alle in der einzelnen menschlichen Natur angelegten Eigenschaften zeigen und entfalten können. Aus diesem Grund mißt Wintrich der Gemeinschaft Eigenwert bei.[24] Die Beziehung zwischen dem einzelnen Menschen und der Gemeinschaft erscheint bei Wintrich mithin als ein Spannungsverhältnis zwischen zwei Polen (Individuum und Gemeinschaft), denen Wintrich *jeweils* Eigenwert zuerkennt.[25] Ein Vorrang des einen oder anderen Pols ist dabei nicht erkennbar.[26]

---

20 *Wintrich*, Zur Auslegung und Anwendung des Art. 2 Abs. 1 GG, in: Festschrift Apelt, S. 1 (3).

21 *Heidegger*, Sein und Zeit, S. 125; *Wintrich*, Zur Problematik der Grundrechte, S. 6.

22 *Wintrich*, Zur Problematik der Grundrechte, S. 6.

23 *Wintrich*, Zur Problematik der Grundrechte, S. 7.

24 *Wintrich*, Zur Auslegung und Anwendung des Art. 2 Abs. 1 GG, in: Festschrift Apelt, S. 1 (3); *ders.*, Zur Problematik der Grundrechte, S. 7; *ders.*, Die Rechtsprechung des Bayerischen Verfassungsgerichtshofs, in: Recht Staat Wirtschaft, 4. Band (1953), S. 139 (145).

25 *Wintrich*, Zur Problematik der Grundrechte, S. 7: "Baut sich die Gemeinschaft aus freien, eigenständigen Personen auf, die erst durch ihr Wechsel- und Zusammenwirken das Gemeinschaftsgut, das volle Menschsein ermöglichen und verwirklichen, dann muß in der Gemeinschaft jeder als grundsätzlich gleichberechtigtes Glied mit eigenem Wert anerkannt, dann muß der Mensch auch in der Gemeinschaft immer Zweck an sich selbst

Wegen der dominierenden Rolle des Personenbegriffs in diesem Menschenbild, läßt sich Wintrichs Sichtweise des Menschen als personalistisch kennzeichnen.[27]

Das Konzentrat dieses Entwurfs vom Wesen des Menschen findet sich wieder in der oben bereits zitierten Passage aus Wintrichs Beitrag zur Festschrift für Wilhelm Laforet: "Die Freiheit des einzelnen ist nicht 'prinzipiell unbegrenzt', wie der Mensch nicht 'isoliertes' Einzelwesen, sondern Person und als solche notwendig zugleich Gemeinschaftswesen und damit gemeinschaftsgebunden ist. Da die Gemeinschaft sich aus freien eigenständigen Personen aufbaut, die durch ihr Zusammenwirken das Gemeinschaftsgut verwirklichen, muß aber der Mensch auch in der Gemeinschaft und ihrer Rechtsordnung immer 'Zweck an sich selbst' (Kant) bleiben, darf er nie zum bloßen Objekt eines Kollektivs, zum bloßen Werkzeug oder zum rechtlosen Objekt eines Verfahrens herabgewürdigt werden. Hier ist die absolute, unverrückbare Grenze gegenüber allen Zugriffen des Staates in den Selbstand der Person gezogen."[28]

An welche Traditionslinien knüpft Wintrich mit dieser Menschenbildformel an?

(Kant) bleiben, dann darf er nie zum bloßen Objekt eines Verfahrens herabgewürdigt werden. Auf der anderen Seite müssen aber die Eigenwerte der Gemeinschaft (insbesondere des Staates) in ihren vielfältigen Formen und Abstufungen anerkannt und geachtet werden. Person und Gemeinschaft sind demnach einander zugeordnete Pole (Bezugspole), deren jeder nur im Zusammenspiel mit anderen wesensgetreu existieren und wirken kann. Der Mensch kann Person nur als Gemeinschaftswesen sein und menschenwürdiges Gemeinschaftsleben ist nur unter allseitiger und gegenseitiger Achtung der Personenwürde möglich."

[26] Diese Feststellung gilt für alle hier berücksichtigen Aufsätze von Wintrich - mit Ausnahme seines Beitrags für die Festschrift Apelt. Dort führt Wintrich aus, daß für die Auslegung von Art. 2 Abs. 1 GG wegen des engen Zusammenhangs zwischen dieser Vorschrift und Art. 1 Abs. 1 GG im Zweifel der Freiheit zu eigener Initiative und selbstverantwortlichem Handeln der Vorzug gebühre vor der Beschränkung individueller Freiheit zugunsten der Gemeinschaft. (Zur Auslegung und Anwendung von Art. 2 Abs. 1 GG, in: Festschrift Apelt, S. 6).

[27] Vgl. allgemein zum Personalismus in der Staatslehre des 20. Jahrhunderts *Ramser*, Das Bild des Menschen im neuern Staatsrecht, S. 121-137.

[28] *Wintrich*, Über Eigenart und Methode verfassungsgerichtlicher Rechtsprechung, in: Festschrift Laforet, S. 227 (235 f.); vgl. des weiteren *ders.*, Ansprache bei der Amtseinführung am 9. Juni 1954, in: Das Bundesverfassungsgericht, S. 5 (7); *ders.*, Die Verfassungsgerichtsbarkeit im Gesamtgefüge der Verfassung, in: BayVBl 1956, S. 132 (133); *ders.*, Zur Problematik der Grundrechte, S. 7, 20.

C. Einflüsse auf das Menschenbild Wintrichs

I. Der Eigenwert der Person

1. Die Rechtsprechung des Bayerischen Verfassungsgerichtshofs

a) Das Achtungsgebot der Menschenwürde

Hinzuweisen ist zunächst auf eine Parallele zwischen Wintrichs Menschenbild und der Rechtsprechung des Bayerischen Verfassungsgerichtshofs. Der Bayerische Verfassungsgerichtshof entwickelte bereits einige Jahre bevor das Bundesverfassungsgericht seine Rechtsprechungstätigkeit aufnahm, eine weithin beachtete Menschenwürde-Judikatur.[29]

In der Leitentscheidung des Bayerischen Verfassungsgerichtshofs vom 22. März 1948 zum Achtungsgebot der Menschenwürde in Art. 100 BayVerf führt das Gericht aus:

"Der Mensch als Person ist Träger höchster geistig-sittlicher Werte und verkörpert einen sittlichen Eigenwert, der unverlierbar und auch jedem Anspruch der Gemeinschaft, insbesondere allen rechtlichen und politischen Zugriffen des Staates und der Gesellschaft gegenüber eigenständig und unantastbar ist. Würde der menschlichen Persönlichkeit ist dieser innere und zugleich soziale Wert- und Achtungsanspruch, der dem Menschen um dessenwillen zukommt. Da das geschützte Gut dem Bereich der Sittlichkeit angehört, fallen Verletzungen von Gütern, die nicht zu diesem Bereich, sondern etwa nur zu dem der Sitte gehören, nicht darunter (...). Es muß eine Beeinträchtigung des Persönlichkeitswertes derart vorliegen, daß über die Auswirkung für den Betroffenen selbst hinaus die menschliche Würde als solche ohne Berücksichtigung der Einzelperson getroffen erscheint."[30]

---

[29] Vgl. zur Würde-Rechtsprechung des Bayerischen Verfassungsgerichtshofs *Häberle*, Die Menschenwürde als Grundlage der staatlichen Gemeinschaft, in: Isensee/Kirchhof (Hrsg.), Handbuch des Staatsrechts der Bundesrepublik Deutschland, Band I (Grundlagen von Staat und Verfassung), S. 815 (824 ff.); *Rüfner*, Die persönlichen Freiheitsrechte der Landesverfassungen in der Rechtsprechung der Landesverfassungsgerichte, in: Starck/Stern (Hrsg.), Landesverfassungsgerichtsbarkeit, Teilband III, S. 247-251.

[30] BayVerfGH 1, 29 (32); vgl. auch BayVerfGH 2, 85 (91); 8, 1 (5); 8, 52 (57).

In dieser Urteilspassage findet sich, wie auch in Wintrichs Menschenbild, die Auffassung vom Eigenwert des Menschen, von seiner Personhaftigkeit. Diese Parallele ist keineswegs überraschend, denn Wintrich, der selbst dem Verfassungsgerichtshof von 1947-1954 angehörte, war mit dessen Rechtsprechung aus diesem Grunde bestens vertraut. Der Umstand der Zugehörigkeit zu diesem Gericht macht es dabei schwierig, genauer zu bestimmen, welchen Einfluß die Judikatur des Bayerischen Verfassungsgerichtshofs auf Wintrichs Menschenbild ausgeübt hat. Denn nicht weniger naheliegend, als die Vermutung, daß Wintrich von der Spruchpraxis des Verfassungsgerichtshofs beeinflußt wurde, ist die Annahme, daß Wintrich die Rechtsprechung des Gerichts maßgeblich mitbestimmt und geprägt hat.[31]

Muß die Frage nach dem Grad der Beeinflussung Wintrichs durch die Rechtsprechung des Bayerischen Verfassungsgerichtshofs offenbleiben, so ist es jedoch möglich, anhand des oben wiedergegebenen Urteilsausschnitts auf zwei gravierende Divergenzen zwischen Wintrichs Auffassung vom Menschen und dem "Würde-Konzept" des Verfassungsgerichtshofs hinzuweisen.

Zum einen ist die vom Bayerischen Verfassungsgerichtshof postulierte Einschränkung, daß eine Verletzung der Menschenwürde nur vorliege, wenn die menschliche Würde ohne Berücksichtigung der Einzelperson, gleichsam "in abstracto" getroffen sei[32], Wintrichs Menschenbild fremd. Wintrich kritisiert ausdrücklich in zwei Veröffentlichungen dieses Element der Würde-Rechtsprechung des Gerichts. Seiner Ansicht nach steht eine derartige, vom Gericht geforderte abstrakte Beeinträchtigung der Menschenwürde im Widerspruch zu einem richtig verstandenen Personenbegriff.[33]

Zum anderen fehlt in der Entscheidung des Bayerischen Verfassungsgerichtshofs der von Wintrich betonte wesensnotwendig Gemeinschaftsbezug des Menschen und mit ihm die dialiktische Spannung des Menschenbildes.

---

[31] Nach *Maunz*, Ringen um ein wertgebundenes Recht, in: JöR n.F. 33 (1984), S. 167 (169), geht die Begründung der oben auszugsweise zitierten Entscheidung vom 22. März 1948 in wesentlichen Teilen auf Wintrich zurück.

[32] BayVerfGH 1, 29 (32).

[33] *Wintrich*, Grundfragen des Verfassungsrechts in der Rechtsprechung des Bayerischen Verfassungsgerichtshofs, in: BayVBl 1958, S. 97 (100); *ders.*, Zur Auslegung und Anwendung des Art. 2 Abs. 1 GG, in: Festschrift Apelt, S. 1 (2). Trifft die unter Fußnote 31 erwähnte Äußerung von Maunz zu, daß die Entscheidung des Bayerischen Verfassungsgerichtshofs vom 22. März 1948 (BayVerfGH 1, 29) im wesentlichen auf Wintrich zurückgeht, so zeugt diese spätere Äußerung Wintrichs von einer Modifikation seines Menschenbildes.

Das Menschenbild Wintrichs hebt sich deshalb von der Würde-Rechtsprechung des Bayerischen Verfassungsgerichtshofs trotz der Ähnlichkeit, was die Betonung des Eigenwerts der Person angeht, deutlich ab, es weist ein eigenes Profil auf.

Es sollte jedoch nicht übersehen werden, und dieser Umstand verdient mindestens ebensoviel Aufmerksamkeit wie der Hinweis auf gewisse Ähnlichkeiten zwischen der Judikatur des Gerichtshofs und der Auffasusng Wintrichs vom Wesen des Menchen, daß Wintrich sein Menschenbild insgesamt im Blick auf die Rechtsprechung des Bayerischen Verfassungsgerichtshofs und die Bayerische Verfassung entwickelt. Die Rechtsprechung des Gerichts bildet gleichsam Hintergrund und Rahmen für Wintrichs Menschenbild; seine Aufsätze und Festschriftbeiträge aus dem Beginn der 50er Jahre, in denen er sein Menschenbild entwickelt, enthalten durchweg eine Auseinandersetzung und Kommentierung der Rechtsprechung des Bayerischen Verfassungsgerichtshofs.[34]

Dies läßt sich durch einen Exkurs über die Haltung des Gerichts zur Frage nach der Existenz überpositiven Rechts und Wintrichs diesbezüglicher Position veranschaulichen.

b) Exkurs: Die Rechtsprechung des Bayerischen Verfassungsgerichtshofs zum Problemkreis überpositiven Rechts

Der Verfassungsgerichtshof geht zu Beginn seiner Rechtsprechung von dezidiert naturrechtlichen Grundsätzen aus.[35] Nach Auffassung des Gerichts hat die

---

[34] Vgl. *Wintrich*, Über Eigenart und Methode verfassungsgerichtlicher Rechtsprechung, in: Festschrift Laforet, S. 227-249; *ders.*, Die Rechtsprechung des Bayerischen Verfassungsgerichtshofs, in: Recht Staat Wirtschaft, 4. Band (1953), S. 139-170); vgl. auch aus der zweiten Hälfte der 50er Jahre: *Wintrich*, Die Verfassungsgerichtsbarkeit im Gesamtgefüge der Verfassung, in: BayVBl 1956, S. 97-100, 132-135; *ders.*, Grundfragen des Verfassungsrechts in der Rechtsprechung des Bayerischen Verfassungsgerichtshofs, in: BayVBl 1958, S. 97-101. Auch Wintrichs spätere, bedeutende Schrift "Zur Problematik der Grundrechte" (Köln/Opladen 1957), in der er sich mit Art. 1 Abs. 1 und Art. 2 Abs. 1 GG auseinandersetzt, baut unverkennbar auf seine früheren Aufsätze zum Bayerischen Verfassungsrecht auf; vgl. hierzu *Wintrich*, Zur Problematik der Grundrechte, S. 6, Fußnote 1; S. 9 f.; S. 18.

[35] Vgl. *Häberle*, Die Menschenwürde als Grundlage der staatlichen Gemeinschaft, in: Isensee/Kirchhof, Handbuch des Staatsrechts der Bundesrepublik Deutschland, Band I (Grundlagen von Staat und Verwaltung), S. 815 (826); *Rüfner*, Die persönlichen Freiheitsrechte der Landesverfassungen in der Rechtsprechung der Landesverfassungsgerichte, in: Starck/Stern (Hrsg.), Landesverfassungsgerichtsbarkeit, Teilband III, S. 247 (249).

Bayerische Verfassung einige "elementare Grundrechte" positiviert, die dem positiven Recht als natürliche Rechte vorausliegen. Zu dieser Gruppe rechnet das Gericht den Menschenwürdesatz (Art. 100 BayVerf)[36] und den Gleicheitssatz (Art. 11 Abs. 1 BayVerf)[37].[38]

Die Position des Gerichtes sei anhand zweier, aufeinander bezogener Urteilspassagen illustriert. Das erste Zitat stammt aus einer Entscheidung vom 10. Juni 1950:

"Daß eine Verfassungsbestimmung selbst nichtig ist, ist nun nicht schon um deswillen begrifflich ausgeschlossen, weil sie selbst Bestandteil der Verfassung ist. Es gibt Verfassungsgrundsätze, die so elementar und so sehr Ausdruck eines auch der Verfassung vorausliegenden Rechtes sind, daß sie den Verfassungsgesetzgeber selbst binden und daß andere Verfassungsbestimmungen, denen dieser Rang nicht zukommt, wegen ihres Verstoßes gegen sie nichtig sein können."[39]

Diese Passage kommentiert der Verfassungsgerichtshof in einer späteren Entscheidung und verdeutlicht seine Auffassung vom Wesen des Rechts:

"Der Verfassungsgerichtshof hat in seiner Entscheidung vom 10. Juni 1950 (...) der Überzeugung Ausdruck gegeben, daß auch der Verfassunggeber an das Recht gebunden sei, zu dessen Wesen und Sinngehalt es gehöre, den sittlichen Werten der Menschenwürde und Gerechtigkeit und damit der Freiheit zu dienen. Alle Staatsgewalt - und damit auch die verfassunggebende Gewalt - sei durch die Idee des Rechts von vornherein begrenzt. (...) entscheidend ist (...), daß die Bayer. Verfassung selbst die Würde der menschlichen Person und den Gleichheitsgrundsatz im Sinne materieller Gerechtigkeit als Menschenrechte, d.h. als dem positiven Recht vorausliegende Rechte erkannt und anerkannt hat. Es ist die Auffassung des Verfassunggebers selbst, daß er diese Rechte nicht geschaffen, sondern vorgefunden hat. Damit ist zugleich anerkannt, daß oberste Grundsätze des Rechts, die zugleich wesentliche Bestandteile der Rechtsidee sind, nämlich die Achtung und der Schutz der Personenwürde und der Gleich-

---

[36] Art. 100 BayVerf: Die Würde der menschlichen Persönlichkeit ist in Gesetzgebung, Verwaltung und Rechtspflege zu achten.

[37] Art. 118 Abs. 1 BayVerf: Vor dem Gesetz sind alle gleich. Die Gesetze verpflichten jeden in gleicher Weise und jeder genießt auf gleiche Weise den Schutz der Gesetze.

[38] Vgl. etwa BayVerfGH 2, 45 (47 f.) mit einer abweichenden, den Rechtspositivismus verteidigenden Stellungnahme (S. 49); 3, 28 (47); 4, 51 (58 f.).

[39] BayVerfGH 3, 28 (47); in der Entscheidungssammlung wird aufgrund eines redaktionellen Versehens die Entscheidung auf den 24. April 1950 datiert.

heitsgrundsatz im Sinne materieller Gerechtigkeit, die Souveränität des Verfassunggebers und die Staatsgewalt begrenzen, ihr, wie sich die Entscheidung vom 10. Juni 1950 ausdrückt, eine unübersteigliche Schranke setzen."[40]

Wintrich stimmt diesem naturrechtlichen Grundansatz des Bayerischen Verfassungsgerichtshofs zu.[41] Und mehr noch: ein vordringliches Bestreben seiner Aufsätze aus den 50er Jahren besteht darin, die Auffassung, daß alles Recht auf die Werte der Menschenwürde und der Gerechtigkeit bezogen ist, rechtsphilosophisch abzusichern.[42]

Bei dem Versuch, die Wertfundierung des Rechts zu begründen, lassen sich in Wintrichs Argumentationsführung zwei Schritte voneinander unterscheiden. Wintrich stellt zunächst - in Anschluß an Dietrich Schindler[43] und dessen Werk "Verfassungsrecht und soziale Struktur"[44] - die These auf, daß das Phänomen des Rechts durch vier "Momente" gekennzeichnet sei.[45] Die formalen Komponenten von Ordnung[46] und Macht[47] des Rechts werden nach Schindlers (und

---

[40] BayVerfGH 4, 51 (58 f.).

[41] Vgl. etwa *Wintrich*, Zur Problematik der Grundrechte, S. 10.

[42] Vgl. so deutlich *Wintrich*, Die Rechtsprechung des Bayerischen Verfassungsgerichtshofs, in: Recht Staat Wirtschaft, 4. Band (1953), S. 139 (144): "Die Probleme, die in den vorgetragenen Entscheidungen (des Bayerischen Verfassungsgerichtshofs zur Existenz überpositiven Rechts) behandelt werden, sind (...) materieller Natur. Es wird die Frage nach der überpositiven Grundlage jeder positiven Rechtsordnung und nach den ihr dadurch gesetzten Grenzen aufgeworfen. Es wird der überzeitliche Sinngehalt der positivierten elementaren Grundrechte und ihre Funktion im System der Verfassung herausgestellt, und es werden die rechtlichen Folgerungen gezogen, die sich aus der positiv-rechtlichen Anerkennung überpositver Normen ergeben. (...) Im folgenden werden - unter dem Vorbehalt, daß es sich um meine persönliche wissenschaftliche Interpretation dieser Entscheidungen handelt - die rechtsphilosophischen Grundlagen herausgestellt, auf denen die Entscheidungen beruhen, und die Bedeutung klargelegt, die ihnen für die Auslegung und Systematik der Verfassung zukommt."

[43] Dietrich Schindler, geboren am 3. Dezember 1890 in Zürich; nach einem Jurastudium in Zürich, Leipzig und Berlin, 1916 Promotion und 1921 Habilitation; seit 1936 bis zu seinem Tod 1948 Ordinarius für öffentliches Recht, Völkerrecht und Rechtsphilosophie in Zürich.

[44] Zürich, 1932.

[45] Vgl. hierzu, häufig mit ausdrücklichem Hinweis auf Dietrich Schindler, *Wintrich*, Über Eigenart und Methode verfassungsgerichtlicher Rechtsprechung, in: Festschrift Laforet, S. 227 (231); *ders.*, Die Rechtsprechung des Bayerischen Verfassungsgerichtshofs, in: Recht Staat Wirtschaft, 4. Band (1953), S. 139 (144 f.); *ders.*, Ansprache bei der Amtseinführung am 9. Juni 1954, in: Das Bundesverfassungsgericht, S. 5 f.; *ders.*, Die Verfassungsgerichtsbarkeit im Gesamtgefüge der Verfassung, in: BayVBl 1956, S. 97; *ders.*, Zur Problematik der Grundrechte, S. 8 f.

[46] Recht enthalte, so Schindler, zunächst ein normatives Element, es beinhalte ein "Sollen" und weise insoweit Berührungspunkte mit Sitte und Moral auf. Ebenso wie diese stelle das Recht eine Ordnung für menschliches Verhalten auf, wobei jedoch der

Wintrichs) Ansicht durch die materiellen Momente der Bezogenheit auf die tatsächlichen Lebensnotwendigkeiten[48] und auf ethische Forderungen[49] ergänzt.

Um genauer angeben zu können, auf welche ethischen Forderungen, welche sittlichen Werte das Recht ausgerichtet ist[50], stellt Wintrich - dies ist der zweite Schritt seiner Argumentation - die Frage nach dem Wesen des Menschen. Die Antwort hierauf ist sein Entwurf eines Menschenbildes.[51]

Wintrich entwickelt sein Menschenbild - und damit kehren wir zu dem Thema dieses Kapitels zurück - im Blick auf die naturrechtliche Rechtsauffassung des Bayerischen Verfassungsgerichtshofs, die er teilt und die er mit dem Menschenbild abzusichern versucht. Insofern besteht eine nicht zu übersehende Verbindungslinie zwischen der Judikatur dieses Gerichts und Wintrichs Auffassung vom Wesen des Menschen.

2. *Der Mensch als "Zweck an sich selbst"*

Den oben zitierten Sätzen aus Wintrichs Beitrag in der Laforet-Festschrift ist unmittelbar zu entnehmen, daß Wintrich bei dem Versuch, das Wesen des

---

Begriff der Ordnung von Schindler rein formal, d.h. ohne inhaltlichen Gehalt verstanden wird (*Schindler*, Verfassungsrecht und soziale Struktur, S. 16 f.).

47 Um das Recht von Sitte und Moral abzugrenzen, kommt es nach Schindler auf das Moment der 'Macht' an. Recht sei die Normativordnung, die in maximaler Bezugsnähe zum Staat stehe. Recht und Staat erscheinen als wesenhaft aufeinander bezogen (*Schindler*, Verfassungsrecht und soziale Struktur, S. 18 f.); diese Bezogenheit finde im Recht ihren Niederschlag im Element der Macht, dem Zwangsmoment. 'Macht' als Teil des Rechtsbegriffs bezeichne "die Kraft, die Wirklichkeit gegen Widerstände zu gestalten" (*Schindler*, Verfassungsrecht und soziale Struktur, S. 104).

48 Mit dem Element der tatsächlichen Lebensnotwendigkeiten meint Schindler die menschlichen Affekte und Bedürfnisse, denen eine "vitale Eigengesetzlichkeit" innewohnt (*Schindler*, Verfassungsrecht und soziale Struktur, S. 43) und die das Recht deshalb zu berücksichtigen hat. Als Beispiele für derartige "vitale Notwendigkeiten" nennt Schindler die menschlichen Triebe, die wirtschaftlichen Bedürfnisse des Menschen sowie seine politischen Affekte, zu denen er den Nationalismus zählt (*Schindler*, Verfassungsrecht und soziale Struktur, S. 43 f.).

49 *Schindler*, Verfassungsrecht und soziale Struktur, S. 39.

50 Wintrich bezeichnet diese Komponente des Rechts als 'Rechtsidee'; vgl. etwa *Wintrich*, Zur Problematik der Grundrechte, S. 8. Auch der Bayerische Verfassungsgerichtshof bedient sich des Begriffs der Rechtsidee, vgl. BayVerfGH 3, 28 (48).

51 *Wintrich*, Ansprache bei der Amtseinführung am 9. Juni 1954, in: Das Bundesverfassungsgericht, S. 5 (6): "Welche sittlichen Werte notwendig zur Fundierung des Rechts gehören, um seine Unterscheidung von einer bloßen Gewaltordnung zu ermöglichen, hängt entscheidend von der Beantwortung einer Vorfrage ab: Was ist der Mensch, genauer gesagt, was ist seine Wesensnatur?"

Menschen, seine Stellung innerhalb der staatlichen Gemeinschaft zu beschreiben, an die Philosophie Kants anknüpft. Das von Wintrich verwendete Zitat findet sich in Kants Schrift "Grundlegung zur Metaphysik der Sitten", wo zu lesen ist:

"Nun sage ich: der Mensch und überhaupt jedes vernünftige Wesen existiert als Zweck an sich selbst, nicht als bloßes Mittel zum beliebigen Gebrauche für diesen oder jenen Willen, sondern muß in allen seinen sowohl auf sich selbst als auch auf andere vernünftige Wesen gerichteten Handlungen jederzeit zugleich als Zweck betrachtet werden."[52]

Wenngleich die Frage, welchen Einfluß die Philosophie Kants auf Wintrichs Menschenbild hatte, mit diesem kurzen Hinweis nicht erschöpfend beantwortet ist[53], mögen diese Ausführungen für die vorliegende Arbeit genügen. Denn das Kant-Zitat erfüllt in Wintrichs Menschenbildformel lediglich die Aufgabe einer Grenzbestimmung: Es umschreibt die Grenze, die der Staat bei seinem Handeln gegenüber dem Menschen einhalten muß, um den Menschen nicht zu entwürdigen. Das charakteristische Element von Wintrichs Menschenbild ist jedoch nicht diese negative Kompetenzbeschreibung des Staates, sondern die positive Verbindung und Entsprechung, die das Verhältnis von Staat und Individuum in Wintrichs Augen kennzeichnet: wegen der Personhaftigkeit des Menschen kommt sowohl dem einzelnen Menschen wie auch der Gemeinschaft, dem Staat ein Eigenwert zu, der einzelne Mensch erscheint als gemeinschaftsbezogenes und gemeinschaftsgebundenes Wesen. Diese Eigenart von Wintrichs Sichtweise des Menschen läßt sich nicht mit einem Rekurs auf Kant erklären. Vielmehr wirken hier andere Einflüsse in Wintrichs Menschenbild fort, von denen drei im folgenden genannt seien.

---

52 *Kant*, Grundlegung zur Metaphysik der Sitten, S. 50.

53 Nachgehen könnte man insbesondere noch der Bedeutung der Begriffe "Autonomie" und "Würde" bei Kant für Wintrichs Sichtweise des Menschen. Vgl. hinsichtlich der Parallelen zwischen der Rechtsprechung des Bundesverfassungsgerichts und Kants Begriff Autonomie *Geddert-Steinacher*, Menschenwürde als Verfassungsbegriff, S. 31-38; ausführlich mit dem Begriff der Würde bei Kant setzt sich *Goerlich*, Wertordnung und Grundgesetz, S. 157-172, auseinander.

II. Die Gemeinschaftsbezogenheit und Gemeinschaftsgebundenheit der Person

1. Art. 117 BayVerf

Es wurde bereits darauf hingewiesen, daß Wintrich sein Menschenbild im Blick auf die Rechtsprechung des Bayerischen Verfassungsgerichtshofs entwickelte. Doch der "bayerische" Einfluß auf Wintrichs Vorstellung vom Wesen des Menschen reicht noch weiter.

Wintrich teilt, wie oben dargelegt, die naturrechtliche Rechtsauffassung des Bayerischen Verfassungsgerichtshofs sowie dessen Ansicht, daß die Bayerische Verfassung einige naturrechtliche Grundsätze positiviert habe.[54] Zu den Vorschriften der Bayerischen Verfassung, die "überpositiven" Gehalt aufweisen, rechnet er neben Art. 100 und Art. 118 Abs. 1 BayVerf auch Art. 117 BayVerf. Dieser Verfassungsartikel hat folgenden Wortlaut: "Der ungestörte Genuß der Freiheit für jedermann hängt davon ab, daß alle ihre Treuepflichten gegenüber Volk und Verfassung, Staat und Gesetzen erfüllen. Alle haben die Verfassung und die Gesetze zu achten und zu befolgen, an den öffentlichen Angelegenheiten Anteil zu nehmen und ihre körperlichen und geistigen Kräfte so zu betätigen, wie es das Wohl der Gesamtheit erfordert."

Eignet dieser Vorschrift naturrechtliche Qualität, so enthält sie auch eine Aussage über die Natur des Menschen, und genau dies ist Wintrichs Ansatz. Nicht zufällig geht deshalb der Satz 2 von Art. 117 BayVerf unmittelbar Wintrichs Menschenbildformel in seinem Beitrag für die Laforet-Festschrift voran.[55] Wintrichs Diktum von der Gemeinschaftsgebundenheit des Menschen[56], das später den Kern der Menschenbildformel des Bundesverfassungsgerichts bildet, ist bei Wintrich letztlich eine Erläuterung von Art. 117 Satz 2 BayVerf, einer Vorschrift, die eine staatsbürgerliche Pflicht allgemeiner Art

---

[54] So ausdrücklich hinsichtlich dem Achtungsgebot der Menchenwürde (Art. 100 BayVerf) und dem allgemeinen Gleichheitssatz (Art. 118 Abs. 1 BayVerf), BayVerfGH 4, 51 (58); vgl. Wintrichs zustimmende Kommentierung dieser Entscheidung, in: *Wintrich*, Über Eigenart und Methode verfassungsgerichtlicher Rechtsprechung, in: Festschrift Laforet, S. 227 (231 f.).

[55] *Wintrich*, Über Eigenart und Methode verfassungsgerichtlicher Rechtsprechung, in: Festschrift Laforet, S. 227 (235).

[56] *Wintrich*, Über Eigenart und Methode verfassungsgerichtlicher Rechtsprechung, in: Festschrift Laforet, S. 227 (235).

normiert. Wintrichs Menschenbildformel stellt mit anderen Worten den Versuch dar, den Hintergrund von Art. 117 Satz 2 BayVerf aufzuhellen.[57]

2. Dietrich Schindler

Der Name Dietrich Schindler fiel in dieser Arbeit bereits im Blick auf Wintrichs Rechtsverständnis, das sich im wesentlichen an die von Schindler in seinem Buch "Verfassungsrecht und soziale Struktur" dargelegte Auffassung vom Wesen des Rechts anlehnt.[58] Dieses Werk enthält auch eine Passage, in der Schindler das Verhältnis zwischen dem einzelnen Menschen und der Gemeinschaft beschreibt:

"In die Problematik des Ordnungsmoments (des Rechts) gehört weiter das Problem Individuum-Gemeinschaft. Es mag hier der Hinweis auf die dialektische Natur dieses Verhältnisses genügen. In der Tat setzen sich Individuum und Gemeinschaft gegenseitig als notwendig voraus, jeder dieser Pole gewinnt erst in der Gegenüberstellung zum andern seinen spezifischen Charakter. Die Gemeinschaft setzt sich notwendig aus Einzelnen zusammen. Wenn nicht Einzelne vorhanden sind, mit ihren zum mindesten virtuell vorhandenen Individualitäten, ist auch Gemeinschaft begrifflich nicht möglich. Andererseits ist auch das Individuum nicht ohne Gemeinschaft denkbar; das 'nicht weiter Teilbare' setzt ein umfassenderes Gebilde, aus dessen Aufteilung es sich als letztes Element ergibt, notwendig voraus. So ergeben sich denn auch alle Probleme des Individuums, der Individualität, des Individualismus aus der Stellung des Einzelnen zur Gesamtheit. Jede konkrete Ordnung muß sowohl Individuum wie Gemeinschaft in ihrem Eigenwert, wie in ihrer gegenseitigen Beziehung in sich schließen."[59]

Diesem Ausschnitt sei ein Zitat aus Wintrichs Schrift "Zur Problematik der Grundrechte" gegenübergestellt:

"Baut sich die Gemeinschaft aus freien, eigenständigen Personen auf, die erst durch ihr Wechsel- und Zusammenwirken das Gemeinschaftsgut, das volle Menschsein ermöglichen und verwirklichen, dann muß in der Gemeinschaft

---

57 Wintrich verweist noch an anderer Stelle in dem Festschriftbeitrag auf Art. 117 BayVerf; auch dort handelt es sich um Ausführungen, die in Verbindung mit seinem Menschenbild stehen. Vgl. *Wintrich*, Über Eigenart und Methode verfassungsgerichtlicher Rechtsprechung, in: Festschrift Laforet, S. 227 (247).

58 Vgl. 3. Teil C. I. 1. b) dieser Arbeit.

59 *Schindler*, Verfassungsrecht und soziale Struktur, S. 30.

jeder als grundsätzlich gleichberechtigtes Glied mit eigenem Wert anerkannt, dann muß der Mensch auch in der Gemeinschaft immer Zweck an sich selbst (Kant) bleiben, dann darf er nie zum bloßen Mittel einer Gemeinschaftsraison, zum bloßen Werkszeug oder zum bloßen Objekt eines Verfahrens herabgewürdigt werden. Auf der anderen Seite müssen aber die Eigenwerte der Gemeinschaft (insbesondere des Staates) in ihren vielfältigen Formen und Abstufungen anerkannt und geachtet werden. Person und Gemeinschaft sind demnach einander zugeordnete Pole (Bezugspole), deren jeder nur im Zusammenspiel mit dem anderen wesensgetreu existieren und wirken kann. Der Mensch kann Person nur als Gemeinschaftswesen sein und menschenwürdiges Gemeinschaftsleben ist nur unter allseitiger und gegenseitiger Achtung der Personenwürde möglich."[60]

Ein Vergleich der beiden Zitate macht Ähnlichkeiten, aber auch Unterschiede zwischen Schindler und Wintrich deutlich.

Schindlers Ausführungen weisen nachdrücklich auf die dialektische Natur des Verhältnisses zwischen der Gemeinschaft und dem Einzelnen hin. Diese dialektische Spannung findet sich in Wintrichs Menschenbild wieder; Wintrich beschreibt, wie Schindler, den einzelnen Menschen und die Gemeinschaft als einander entgegengesetzte "Pole". Aufgrund der Ähnlichkeit der beiden Ansätze und aufgrund des Umstandes, daß Wintrich mit Schindlers Schrift "Verfassungsrecht und soziale Struktur" bestens vertraut war und sich häufig auf diese berief[61], muß auch Dietrich Schnidler erwähnt werden, wenn es darum geht, Einflüsse aufzuzeigen, die sich in Wintrichs Menschenbild niedergeschlagen haben. Das innere Strukturprinzip seines Menschenbildes, das aus einem dialektischen Spannungverhältnis besteht, fand Wintrich bei Dietrich Schindler bereits deutlich herausgearbeitet.

Die beiden obigen Zitate machen allerdings auch Unterschiede in den Auffassungen Schindlers und Wintrichs deutlich. Schindler geht es in seinem Werk letztlich nicht um den Entwurf eines Menschenbildes; an dem Verhältnis Gemeinschaft-Individuum interessiert ihn allein das ihm zugrundeliegende dialektische Strukturprinzip. Den Zusammenhang zwischen der Gemeinschaft und dem Individuum erklärt er mit einem gleichsam mathematischen Denkmuster. Wintrich hingegen, der bezeichnenderweise nicht vom Verhältnis Indivi-

---

60 *Wintrich*, Zur Problematik der Grundrechte, S. 7.

61 Vgl. *Wintrich*, Über Eigenart und Methode verfassungsgerichtlicher Rechtsprechung, in: Festschrift Laforet, S. 227 (231), Fußnote 7; *ders.*, Die Rechtsprechung des Bayerischen Verfassungsgerichtshofs, in: Recht Staat Wirtschaft, 4. Band (1953), S. 139 (169), Fußnote 2; *ders.*, Die Verfassungsgerichtsbarkeit im Gesamtgefüge der Verfassung, in: BayVBl 1956, S. 97, Fußnote 3; *ders.*, Zur Problematik der Grundrechte, S. 8.

duum-Gemeinschaft, sondern Person-Gemeinschaft spricht, geht es um eine Bestimmung und Erklärung dieses Verhältnisses aus dem Wesen des Menschen heraus.

Wintrichs Menschenbild weist insoweit Berührungspunkte mit der katholischen Soziallehre auf.

3. *Die katholische Soziallehre*

Die Anfänge der katholischen Soziallehre reichen zurück ins 19. Jahrhundert. Üblicherweise wird als erstes Dokument der Soziallehre der katholischen Kirche die Enzyklika "Rerum novarum" von Papst Leo XIII. aus dem Jahr 1891 bezeichnet.[62]

Von ihren Anfängen her haben sich bestimmte Sachgehalte herausgebildet und zu einer Lehre verfestigt, deren wesentlicher Inhalt im folgenden skizziert sei. Im Anschluß daran werden Gemeinsamkeiten und Unterschiede zwischen der katholischen Soziallehre und Wintrichs Menschenbild aufgezeigt. Und in einem letzten Schritt geht es um die Frage, ob sich eine Beeinflussung Wintrichs durch die katholische Soziallehre konkret nachweisen läßt.

a) Wesentliche Aussagen[63] der katholischen Soziallehre zum Wesen des Menschen

In der Enzyklika "Mater et Magister" kennzeichnet es Johannes XXIII. als "oberster Grundatz" der katholischen Soziallehre, daß "der Mensch der Träger, Schöpfer und das Ziel aller gesellschaftlichen Eirnichtungen sein muß, und zwar der Mensch, sofern er von Natur aus auf Mit-Sein angelegt und sofern er zu einer höheren Ordnung berufen ist, die über die Natur ganz und gar hinausgeht. Dieses oberste Prinzip trägt und schützt die unantastbare Würde der menschlichen Person."[64]

---

62 So *von Nell-Breuning*, Stichwort "Katholische Soziallehre", in: Staatslexikon, 3. Band, Sp. 350 (359).

63 Einen umfassenden Überlick über die katholische Soziallehre bietet *Klüber*, Katholische Soziallehre, Band 1: Geschichte und System, Osnabrück 1968; vgl. auch *von Nell-Breuning*, Gerechtigkeit und Freiheit. Grundzüge katholischer Soziallehre, Wien 1980; *Schwarte*, Grundfragen des menschlichen Zusammenlebens in christlicher Sicht, Paderborn 1977.

64 Zitiert nach *Klüber*, Katholische Soziallehre, S. 738.

Soll aber der Mensch "Träger, Schöpfer und Ziel aller gesellschaftlichen Einrichtungen" sein, so stellt sich die Frage nach der Natur des Menschen, deren "Wahrung, Entfaltung und Vervollkommnung" Wesensziel des Gemeinschaftsleben ist.[65]

Den zentralen Begriff für die Beschreibung des menschlichen Wesens bildet in der katholischen Soziallehre die "Person". Dabei werden zwei Momente des Personbegriffs unterschieden, die Individual- und die Sozialnatur des Menschen.

aa) Die Individualnatur des Menschen

Die Individualnatur des Menschen umfaßt beide Schichten des Menschen als Leib-Geist-Wesen.

Nach katholischer Soziallehre ist der Mensch im Bereich der Natur, der stofflichen Welt "Individuum", d.h. er ist von anderem Seienden geschieden und abgrenzbar. Das Kennzeichen des Menschen als "Person", das ihn von allen anderen Geschöpfen unterscheidet und seine besondere Stellung in der Schöpfung Gottes begründet, besteht in seiner "Individualisierung" im Bereich des Geistes.[66] Die katholische Soziallehre knüpft hierbei an die berühmte Definition des Boethius[67] an: "Persona est rationalis naturae individua substantia" - Person ist der unteilbare Selbst-Stand eines geistigen Wesens.[68] Zu dieser Definition des Personenbegriffs gehört unabdingbar, daß der Mensch als ein Wesen verstanden wird, das mit der Fähigkeit zu Selbstbewußtsein und Selbstverfügung, mit Vernunft und Freiheit begabt ist.[69] Diese philosophische Überlegung setzt die katholische Soziallehre in Beziehung zu biblischen Aussagen über das Wesen des Menschen:

---

[65] Vgl. Rundfunkbotschaft von *Pius XII.* am 24. Dezember 1942, in: Utz/Groner, Aufbau und Entfaltung des gesellschaftlichen Lebens. Soziale Summe Pius XII., I. Band, n. 227.

[66] Vgl. Stichwort 'Person', in: *Müller/Halder* (Hrsg.), Philosphisches Wörterbuch; *Klüber*, Katholische Soziallehre, S. 739.

[67] Römischer Philosoph und Staatsmann, geboren um 488 n.Chrs. in Rom, gestorben 524 n.Chr. in Pavia.

[68] Zitat und Übersetzung nach *Müller/Halder* (Hrsg.), Philosophisches Wörterbuch, Stichwort 'Person'.

[69] *Lotz*, Der Christ als Person in der Gemeinschaft, in: Christliche Neuordnung von Wirtschaft und Gesellschaft, Vortragsreihe der 2. Katholischen Sozialen Woche in München 1949, München 1950, S. 10 (15); *Klüber*, Katholische Soziallehre, S. 739 f.

"Die philosophischen Aussagen über die Person werden bestätigt und ergänzt durch die Offenbarung. Sie kennzeichnet die Person als Ebenbild Gottes: 'Laßt uns den Menschen machen als unser Ebenbild, uns ähnlich' (Gen 1, 26; vgl. auch Ps 8, 6: 'Nur wenig geringer schufst du ihn als einen Gott, mit Lichtglanz und Herrlichkeit kröntest du ihn'; Weish 2, 23: 'Gott schuf den Menschen zur Unvergänglichkeit, und als Abbild seines eigenen Wesens macht er ihn'). Die Gottesebenbildlichkeit des Menschen besteht darin, daß ihm abbildlich das verliehen wurde, was Gott selbst als dem absoluten Geist zukommt, nämlich Erkennen und Wollen, die Befähigung zu Selbstbewußtsein und Selbstverfügung. In diesem Selbstand und dieser Selbstmächtigkeit der menschlichen Person findet jene Ähnlichkeit zwischen dem unendlichen Geist Gottes und dem Geschaffenen des Menschen ihren Ausdruck. Der letzte Grund der Personalität des Menschen liegt also darin, daß er geschöpfliches Abbild seines unendlichen göttlichen Urbildes ist."[70]

bb) Die Sozialnatur des Menschen

Ergänzt wird die Individualnatur des Menschen nach katholischer Soziallehre durch die Sozialnatur des Menschen. In Anknüpfung an Aristoteles gilt der Mensch als "zoon politikon", als soziales Wesen. Da sich die Sozialität im Menschen angelegt findet, haben alle Formen von Gemeinschaft, auch der Staat, ihre Wurzeln in der sozialen Natur des Menschen.[71]

Von diesem Absatz her ist es leicht einsichtig, daß die katholische Soziallehre ein positves Verhältnis zum Phänomen des Staates entwickelt hat. Der Staat erscheint nicht als Produkt der Sündhaftigkeit des Menschen, vielmehr wird er als notwendige Konsequenz des menschlichen Verlangens nach Gemeinschaft mit anderen Menschen gedeutet. Der Staat ist mithin nicht in erster Linie eine mit dem Gewaltmonopol versehene Machteinheit, sondern Ergebnis des dem Menschen wesenhaften Wunsches nach Geselligkeit.[72] Er erscheint als "eine normale Ausstrahlung der menschlichen Natur."[73]

---

[70] *Klüber*, Katholische Soziallehre, S. 740 f.

[71] Vgl. *Rommen*, Der Staat in der katholischen Gedankenwelt, S. 104 ff.

[72] Da der Mensch nach katholischer Lehre Geschöpf Gottes ist, bildet die erste Ursache und tiefste Grundlage des Gemeinschaftslebens, also auch des Staates, nicht der Mensch, sondern Gott; vgl. *Pius XII.*, Rundfunkansprache am 24.12.1942, in: *Utz/Groner*, Aufbau und Entfaltung des gesellschaftlichen Lebens. Soziale Summe Pius XII., I. Band, n. 226

[73] *Pius XII.*, zitiert nach *Klüber*, Katholische Soziallehre, S. 342.

b) Gemeinsamkeiten und Unterschiede zwischen Wintrichs Menschenbild und der Vorstellung vom Menschen in der katholischen Soziallehre

Unschwer zu erkennen ist, daß die Konzeption des Menschenbildes bei Wintrich und die Art und Weise, wie die katholische Soziallehre das Wesen des Menschen deutet, weitgehend deckungsleich sind. Die Differenzierung zwischen der Individualnatur und der Sozialnatur des Menschen, wie sie für das Menschenbild der katholischen Soziallehre dargestellt wurde, findet sich bei Wintrich in dem Begriffspaar "Person" und "Persönlichkeit" wieder.[74] Übereinstimmung besteht des weiteren insoweit, als die Existenz staatlicher Gemeinschaft als Konsequenz der menschlichen Natur gedeutet wird.

Ein gewisser Unterschied zwischen der katholischen Soziallehre und Wintrichs Auffassung vom Wesen des Menschen liegt demgegenüber in dem Umstand, daß die katholische Soziallehre den letzten und tiefsten Grund der Personhaftigkeit und der Würde des Menschen darin erblickt, daß er nach Gottes Ebenbild geschaffen ist. Dieses religiöse Fundament der katholischen Soziallehre, durch das ihr philosophischer Entwurf zu einem theologischen wird, fehlt bei Wintrich. Folgerichtig bezeichnet er die Anerkennung des Eigenwerts der Person als "Grundlage der abendländischen Tradition"[75] und vermeidet es, sein anthropologisches Konzept ausdrücklich auf die christliche Auffassung von der Gottesebenbildlichkeit des Menschen zu gründen.

c) Das Bindeglied zwischen der katholischen Soziallehre und Wintrichs Menschenbild

Aus dieser Abweichung direkt auf eine bewußte Distanzierung zu den Aussagen der katholischen Soziallehre zu schließen, wäre jedoch fragwürdig. Denn zum einen umschließt der Verweis auf die "Grundlagen der abendländischen Tradition" gerade auch die Tradition des Christentums; zum anderen läßt sich die Tatsache, daß Wintrich diese Prämisse der katholischen Soziallehre nicht explizit in seinen Aufsätzen übernimmt, damit erklären, daß er seine rechtsphilosophischen und anthropologischen Überlegungen in eine juristische Gedankenführung einbindet, und deshalb möglicherweise theologische Grundannahmen ausblendet.

---

[74] Vgl. hierzu 3. Teil B.

[75] *Wintrich*, Über Eigenart und Methode verfassungsrechtlicher Rechtsprechung, in: Festschrift Laforet, S. 227 (233).

So wenig, wie aus dieser Diskrepanz darauf geschlossen werden kann, daß zwischen der katholischen Soziallehre und Wintrichs Menschenbild kein Zusammenhang besteht, so wenig vermögen allein die oben geschilderten Übereinstimmungen die These zu stützen, daß Wintrich in seinem Menschenbild bewußt auf Elemente der katholischen Soziallehre zurückgreift. Die Kongruenzen bieten zwar Anhaltspunkte für diese These, der maßgebliche Beleg für ihre Richtigkeit ergibt sich jedoch erst aus Wintrichs verschiedentlichem Hinweis auf einen Aufsatz des Jesuitenpaters Johannes B. Lotz.[76]

Lotz skizziert in seinem Aufsatz "Der Christ als Person in der Gemeinschaft"[77] aus dem Jahr 1950 die Grundzüge der katholischen Soziallehre. Wenn Wintrich gleich in der ersten Fußnote zu seiner Schrift "Zur Problematik der Grundrechte"[78] für den Inhalt seiner folgenden Ausführungen u.a. auf diesen Aufsatz hinweist[79], so wird damit deutlich, daß Wintrich bewußt Inhalte der katholischen Soziallehre rezipierte. Nachweisen läßt sich darüber hinaus, daß Wintrich bestimmte Gedanken von Lotz explizit übernimmt. Die Überlegung, daß der Gemeinschaft Eigenwert zukomme, weil sich erst in ihr, und nicht im Leben des einzelnen Menschen, alle in der menschlichen Natur angelegten Möglichkeiten des Menschseins auswirken können, kennzeichnet Wintrich als Anleihe aus dem Aufsatz von Lotz.[80] Hinsichtlich eines wesentlichen Charakte-

---

[76] *Lotz*, Der Christ als Person in der Gemeinschaft, in: Christliche Neuordnung von Wirtschaft und Gesellschaft, Vortragsreihe der 2. Katholischen Sozialen Woche in München 1949, München 1950, S. 10-22. *Wintrich* weist auf diesen Aufsatz in seinem Beitrag "Die Rechtsprechung des Bayerischen Verfassungsgerichtshofs", in: Recht Staat Wirtschaft, 4. Band (1953) in Fußnote 9 und in seiner Schrift "Zur Problematik der Grundrechte" in Fußnote 2 hin. Zudem verweist er an letztgenannter Stelle noch auf einen weiteren Aufsatz von *Lotz*, nämlich: "Freiheit und Person", in: Stimmen der Zeit, Bd. 140 (1947), S. 439-456. Johannes Baptist Lotz, SJ (1898-1992) lehrte in der Zeit als Professor an der Münchner Hochschule für Philosophie, als Wintrich in München hohe Richterämter bekleidete.

[77] *Lotz*, in: Christliche Neuordnung von Wirtschaft und Gesellschaft, Vortragsreihe der 2. Katholischen Sozialen Woche in München 1949, München 1950, S. 10-22.

[78] Köln/Opladen 1957.

[79] *Wintrich*, Zur Problematik der Grundrechte, S. 6.

[80] *Wintrich*, Die Rechtsprechung des Bayerischen Verfassungsgerichtshofs, in: Recht Staat Wirtschaft, 4. Band (1953), S. 139 (144), Fußnote 8; ebenso *Wintrich*, Zur Problematik der Grundrechte, S. 7. Vgl. hierzu *Lotz*, Der Christ als Person in der Gemeinschaft, in: Christliche Neuordnung von Wirtschaft und Gesellschaft, Vortragsreihe der 2. Katholischen Sozialen Woche in München 1949, München 1950, S. 10 (19): "Da schließlich das Gemeinschaftsgut nicht nur die Summe der Sondergüter der einzelnen, sondern eine eigene Größe ist, verleiht es der Gemeinschaft ihr über die bloße Summierung der einzelnen hinausgehendes Eigensein und damit ihren Eigenwert. So verbindet sich mit ihrer Dienstfunktion an den einzelnen eine Darstellungsfunktion insofern sich erst in ihr das Menschsein und dessen Gottesebenbildlichkeit voll ausprägt, wozu die Einzelmenschen, für sich allein genommen, nicht imstande sind."

ristikums des Wintrichschen Menschenbildes, nämlich der Aussage, daß dem einzelnen Menschen wie auch der Gemeinschaft Eigenwert zukomme[81], läßt sich mithin eine eindeutige Verbindungslinie zur katholischen Soziallehre aufzeigen.

Auffällig ist schließlich auch die Verwandtschaft verschiedener Formulierungen Wintrichs mit solchen von Lotz. Lotz wie Wintrich benutzen hinsichtlich von Anlagen, die sie in der Natur des Menschen begründet sehen, den Terminus der "Urgegebenheit".[82] Auch für eine Formulierung Wintrichs, die das Bundesverfassungsgericht in seiner Mikrozensus-Entscheidung zitiert[83], findet sich in einem Aufsatz von Lotz eine ähnliche Wendung. Bei Lotz heißt es: "Mit der Sittlichkeit hat sich jene Tiefe im Menschen geöffnet, wo die Freiheit als Selbstbestimmung ihren eigentlichen Sitz hat, nämlich der geheimnisvolle Innenraum des Gewissens. Da ist der Mensch ganz bei sich selbst und ganz er selbst. Da besitzt er sich ganz und verfügt über sich selbst."[84]

Im Vergleich dazu formuliert Wintrich: "Der tiefste Grund des menschlichen Seins offenbart sich in dem innersten Raum, in den kein anderer eindringen kann, in dem der Mensch nur mit sich selbst ist, im Gewissen. (...) Es gehört zum Wesen des Menschen, daß er sich selbst besitzt, daß er sich in einen Innenraum zurückziehen kann, zu dem die Umwelt keinen Zutritt hat, daß er also über die eigene Intimsphäre ungestört verfügen kann."[85]

Diese Beispiele belegen, daß die Übereinstimmungen zwischen Wintrichs Menschenbild und der katholischen Soziallehre nicht auf Zufälligkeit beruhen. Wintrich knüpft vielmehr bewußt an der katholischen Soziallehre an und übernimmt aus ihr wesentliche Elemente für sein Menschenbild.

---

81 *Wintrich*, Zur Problematik der Grundrechte, S. 7; *ders.*, Die Rechtsprechung des Bayerischen Verfassungsgerichtshofs, in: Recht Staat Wirtschaft, 4. Band (1953), S. 139 (145); *ders.*, Über Eigenart und Methode verfassungsgerichtlicher Rechtsprechung, in: Festschrift für Laforet, S. 227 (232); *ders.*, Zur Auslegung und Anwendung des Art. 2 Abs. 1 GG, in: Festschrift Apelt, S. 1 (3).

82 *Lotz*, Der Christ als Person in der Gemeinschaft, in: Christliche Neuordnung von Wirtschaft und Gesellschaft, Vortragsreihe der 2. Katholischen Sozialen Woche in München 1949, München 1950, S. 10 (18); *Wintrich*, Die Rechtsprechung des Bayerischen Verfassungsgerichtshofs, in: Recht Staat Wirtschaft, 4. Band (1953), S. 139 (144)

83 BVerfGE 27, 1 (6).

84 *Lotz*, Freiheit und Person, in: Stimmen der Zeit, Band 140 (1947), S. 439 (448).

85 *Wintrich*, Zur Problematik der Grundrechte, S. 6, 15.

4. Kritik des rechtsstaatlichen Verteilungsprinzips

Schließlich sei noch von einer Traditionslinie die Rede, an die Wintrich ausdrücklich nicht anknüpfen, von der er sein Menschenbild möglichst eindeutig abgrenzen will. "Die Freiheit des einzelnen ist nicht 'prinzipiell unbegrenzt', weil der Mensch nicht 'isoliertes' Einzelwesen, sondern Person und als solche notwendig zugleich Gemeinschaftswesen und damit gemeinschaftsgebunden ist."[86]

Dieser Satz wird als eine Absage an das Menschenbild des Liberalismus gewertet.[87] So zutreffend diese Festestellung auch ist, so bleibt eine wesentliche Stoßrichtung jener Formulierung Wintrichs damit noch verdeckt.

Wogegen sich Wintrich dezidiert wendet, erschließt sich vielmehr, wenn man die Anmerkungen berücksichtigt, in denen Wintrich kenntlich macht, worauf er durch die Begriffe "prinzipiell unbegrenzt" und "isoliert" anspielt: auf die Verfassungslehre von Carl Schmitt.[88]

Carl Schmitt wird nun aber sicher nicht als Exponent des Liberalismus zitiert.[89] Der Zusammenhang ist ein anderer.

Schmitt legt in seiner "Verfassungslehre" bekanntlich dar, daß der bürgerliche Rechtsstaat auf zwei Grundprinzipien beruhe: dem Grundsatz der Gewaltenunterscheidung (organisatorisches Prinzip) und den Grundrechten (Verteilungsprinzip).[90] Zur Erläuterung des Verteilungsprinzips[91] schreibt Schmitt, und es ist exakt diese Passage, auf die Wintrich sich bezieht:

"Grundrecht im eigentlichen Sinne sind also nur die liberalen Menschenrechte der Einzelperson. Die rechtliche Bedeutung ihrer Anerkennung und "Erklärung" liegt darin, daß diese Anerkennung die Anerkennung des funda-

---

86 *Wintrich*, Über Eigenart und Methode verfassungsrechtlicher Rechtsprechung, in: Festschrift Laroret, S. 227 (247).

87 Vgl. *Benda*, Menschenwürde und Persönlichkeitsrecht, in: ders./Maihofer/Vogel, Handbuch des Verfassungsrechts, S. 161 (164).

88 *Schmitt*, Verfassungslehre, 1928.

89 Vgl. zu Schmitts scharfer Polemik gegen den Liberalismus *Hofmann*, Legitimität gegen Legalität, S. 101 ff.; *Kennedy*, Carl Schmitt und die "Frankfurter Schule". Deutsche Liberalismuskritik im 20. Jahrhundert, in: Geschichte und Gesellschaft 12 (1986), S. 380-419 und hierzu: *Preuss*, Carl Schmitt und die "Frankfurter Schule": Deutsche Liberalismuskritik im 20. Jahrhundert. Anmerkungen zu dem Aufsatz von Ellen Kennedy, in: Geschichte und Gesellschaft 13 (1987), S. 400 ff.

90 Vgl. *Schmitt*, Verfassungslehre, S. 126 ff.

91 Vgl. ausführlich zum Verteilungsprinzip: *Forsthoff*, Zur heutigen Lage einer Verfassungslehre, in: Epirrhosis. Festgabe für Carl Schmitt, S. 185 (186-196); vgl. auch *Grabitz*, Freiheit und Verfassungsrecht, S. 20 ff.

mentalen Verteilungsprinzips des bürgerlichen Rechtssaates bedeutet: eine prinzipiell unbegrenzte Freiheitssphäre des Einzelnen und eine prinzipiell begrenzte, meßbare und kontrollierbare Eingriffsmöglichkeit des Staates. Daraus, daß es sich um vorstaatliche Menschenrechte handelt, folgt weiter, daß diese echten Grundrechte für jeden Menschen ohne Rücksicht auf die Staatsangehörigkeit gelten. Es sind Individualrechte, d.h. Rechte des isolierten Einzelmenschen."[92]

Schmitt und Wintrich stimmen zunächst in einem Punkt überein: Beide deuten einen bestimmten "Typ" von Grundrechten - Schmitt spricht von den "liberalen Menschenrechten"[93], Wintrich von "elementaren Grundrechten"[94] - als vor- und überstaatlichen Rechte, "die der Staat nicht nach Maßgabe seiner Gesetze verleiht, sondern als vor ihm gegeben anerkennt und schützt."[95]

Trotz dieser Übereinstimmung entwickeln Schmitt und Wintrich konträre Ansätze für eine Grundrechtsinterpretation, die letztlich in einem unterschiedlichen Verständnis der Gestalt individueller Freiheit wurzeln.

Schmitt folgert aus der Vorstaatlichkeit der Grundrechte eine ursprüngliche und mithin prinzipiell unbegrenzte Freiheitssphäre des einzelnen. Ihrem Schutz diene der Staat, der darin überhaupt erst seine Existenzberechtigung finde.[96] Dahinter steckt die Deutung des bürgerlichen Rechtsstaats als Modell einer strengen Trennung von Staat und Gesellschaft, in dem die Gesellschaft den Raum für die vor dem Staat gegebenen Freiheitssphären des einzelnen Menschen umschreibt.[97] Grundrechte erscheinen vor diesem Hintergrund ihrer Substanz nach weniger als Rechtsgüter denn als Sphäre der Freiheit, aus der sich

---

92 *Schmitt*, Verfassungslehre, S. 164.

93 *Schmitt*, Verfassungslehre, S. 164.

94 *Wintrich*, Über Eigenart und Methode verfassungsrechtlicher Rechtsprechung, in: Festschrift Laforet, S. 227 (234 f.).

95 *Schmitt*, Verfassungslehre, S. 163; vgl. ganz ähnlich *Wintrich*, Über Eigenart und Methode verfassungsrechtlicher Rechtsprechung, in: Festschrift Laforet, S. 227 (234 f.).

96 *Schmitt*, Verfassungslehre, S. 164; an anderer Stelle spricht Schmitt hinsichtlich der Rolle des Staats als bürgerlichem Rechtsstaat vom "streng kontrollierten Diener der Gesellschaft" (Verfassungslehre, S. 125).

97 Zu dem hier nur kurz berührten Fragenkreis des Verhältnisses von Staat und Gesellschaft sei verweisen auf *Böckenförde*, Die Bedeutung der Unterscheidung von Staat und Gesellschaft im demokratischen Sozialstaat der Gegenwart, in: *ders.*, Recht, Staat, Freiheit, S. 209-243; *ders.*, Freiheit und Recht, Freiheit und Staat, in: *ders.*, Recht, Staat, Freiheit, S. 58-66; *Rupp*, Die Unterscheidung von Staat und Gesellschaft, in Isensee/Kirchhof, Handbuch des Staatsrechts der Bundesrepublik Deutschland, Band I (Grundlagen von Staat und Verfassung), S. 1187 ff.

Abwehrrechte[98] gegen den Staat ergeben.[99] Eine Beschränkung der individuellen Freiheit erscheint danach stets als Eingriff, als etwas Sekundäres, das von außen in die Freiheitssphäre des einzelnen eingreift.

Hierzu kontrastiert Wintrichs Freiheitsbegriff. Da der Mensch wesenhaft Gemeinschaftswesen[100], mithin gemeinschaftsbezogen und -gebunden ist, womit auch Staatsbezogenheit und -gebundenheit gemeint ist[101], läßt sich für ihn Freiheit nicht isoliert denken. Freiheit ist immer gemeinschaftlich, staatlich verfaßte und gesicherte, insofern aber auch begrenzte Freiheit. Hieraus ergibt sich, daß der Freiheit wegen ihrer notwendig gemeinschaftsbezogenen Struktur gewisse immanente Schranken eigen sind. Darin liegt die Kernaussage von Wintrichs Menschenbildformel. Es liegt in der Konsequenz dieses Freiheitsverständnisses, wenn Wintrich davon spricht, daß dem Recht, die den Freiheitsverbürgungen zugrundeliegenden Werte der Freiheit zu verwirklichen, die vorstaatliche Grundpflicht für jedermann entspreche, seine körperlichen und geistigen Kräfte so zu betätigen, wie es das Wohl der Gesamtheit erfordere.[102] In Wintrichs Menschenbild korrespondieren vorstaatlichc[103] Grundrechte mit vorstaatlichen Grundpflichten. Nach Schmitt ist eine derartige Parallelität von

---

98 Vgl. aus der neueren Grundrechtsdiskussion das Eintreten von Schlink für eine Wiederbelegung der klassischen Abwehrfunktion der Grundrechte (*Schlink*, Freiheit durch Eingriffsabwehr - Rekonstruktion der klassischen Grundrechtsfunktion, EuGRZ 1984, S. 457-468).

99 *Schmitt*, Verfassungslehre, S. 163; vgl. auch *Eckhoff*, Der Grundrechtseingriff, S. 68 ff., 74 ff.

100 Während der bürgerliche Rechtsstaat nach Carl Schmitt "Streng kontrollierter Diener der Gesellschaft" ist (vgl. 3. Teil, Fn. 96 dieser Arbeit), spricht Wintrich ja vom Eigenwert des Staates, vgl. nur: Zur Problematik der Grundrechte, S. 7.

101 Vgl. *Wintrich*, Über Eigenart und Methode verfassungsrechtlicher Rechtsprechung, in: Festschrift Laforet, S. 227 (232), wo Wintrich als Form der Gemeinschaft "insbesondere" den Staat nennt.

102 *Wintrich*, Über Eigenart und Methode verfassungsrechtlicher Rechtsprechung, in: Festschrift Laforet, S. 227 (235).

103 Mit dem Terminus "vorstaatlicher" Rechte bzw. Pflichten (vgl. z.B. *Wintrich*, Über Eigenart und Methode verfassungsrechtlicher Rechtsprechung, in: Festschrift Laforet, S. 227 (234 ff.)) scheinen sich die weiter oben stehenden Ausführungen nicht zu vertragen, daß für Wintrich grundrechtliche Freiheit immer nur als staatlich verfaßte Freiheit denkbar ist. Dieser Widerspruch ist jedoch nur ein scheinbarer. Mit vorstaatlichen Rechten und Pflichten meint Wintrich nicht, daß diese Rechte dem Menschen aus einer vorstaatlichen Zeit zustehen. Mit der "Vorstaatlichkeit" versucht Wintrich vielmehr, seiner Überzeugung Ausdruck zu verleihen, daß diese Rechte und Pflichten der Natur des Menschen entspringen und nicht beliebiges Resultat staatlicher Verfassunggebung sind. Freiheit hat nach Wintrich ihren Wesensgrund in der Personenhaftigkeit des Menschen, ihre äußere Gestalt ist jedoch die ihr durch die Gemeinschaft, den Staat verliehene.

Grundrechten und Grundpflichten vor dem Hintergrund seiner Deutung des bürgerlichen Rechtsstaates ausgeschlossen.[104]

D. Zusammenfassung

Das Menschenbild von Josef Wintrich ist zweipolig angelegt. Wintrich unterscheidet zwischen der Individualnatur ("Person") und der Sozialnatur ("Persönlichkeit") des Menschen. In Wintrichs Menschenbild findet sich damit genau die Differenzierung angelegt, die später auch das 'Menschenbild des Grundgesetzes' in der Rechtsprechung des Bundesverfassungsgerichts kennzeichnet und die im vorangegangenen Kapitel mit den Begriffen "Selbstand der Person" und "Sozialbezug" umschrieben wurde.

In Anlehnung an die Philosophie Kants (Selbstzwecklichkeit des Menschen) begreift Wintrich den Menschen als ein Wesen, das sittliche Autonomie und unverlierbare Würde auszeichnet. Dem hierin sich gründenden Eigenwert der Person stellt er den Eigenwert der Gemeinschaft gegenüber. Die Gemeinschaft, so Wintrich, habe ihren Ursprung in der wesenhaften Verwiesenheit des Menschen auf das Zusammenleben mit anderen Menschen. Eigenwert komme dabei der Gemeinschaft, d.h. auch dem Staat, deshalb zu, weil erst durch sie und in ihr die menschliche Natur sich voll entfalten können. Dieses personalistische Menschenbild Wintrichs erweist sich als in starkem Maße von der katholischen Soziallehre geprägt.

Hinzuweisen ist auch auf den Umstand, daß Wintrich sein Menschenbild vor dem Hintergrund der Bayerischen Verfassung und in Auseinandersetzung mit der Rechtsprechung des Bayerischen Verfassungsgerichtshofs entwirft. Der zentrale Begriff in Wintrichs Menschenbild, die Gemeinschaftsgebundenheit der Person, entspringt einer Deutung von Art. 117 BayVerf, der eine Generalklausel staatsbürgerlicher Pflichten enthält.

Etwas zugespitzt läßt sich mithin sagen, daß Wintrichs anthropologischer Entwurf ein Menschenbild der Bayerischen Verfassung darstellt. Im folgenden Abschnitt der Arbeit, in dem es um die Frage geht, inwieweit das 'Menschenbild des Grundgesetzes' sich tatsächlich aus dem Grundgesetz herauslesen läßt, wird an die bayerische Herkunft der Menschenbildformel zu erinnern sein.

---

104 *Schmitt*, Verfassungslehre, S. 174 f.

Festgehalten zu werden verdient schließlich, daß Wintrich aus seinem Menschenbild heraus eine prinzipiell unbegrenzte Freiheitssphäre des einzelnen und eine prinzipiell begrenzte Befugnis des Staates zu Eingriffen in diese Sphäre ablehnt und damit bewußt eine Gegenposition zu Carl Schmitts Verteilungsprinzip einnimmt.

Vierter Teil

Die Menschenbildformel des Bundesverfassungsgerichts: das 'Menschenbild des Grundgesetzes'?

Nachdem im vorstehenden Kapitel die Herkunft der Menschenbildformel verdeutlich und Traditionslinien angedeutet wurden, denen diese Formel nahesteht bzw. gegen die sie sich richtet, dreht es sich im folgenden darum, zu untersuchen, inwieweit die Menschenbildformel zu Recht vom Bundesverfassungsgericht als 'Menschenbild des Grundgesetzes' bezeichnet wird.

Zu dieser Frage gibt es verschiedene Stellungnahmen in der verfassungsrechtlichen Literatur; diese sollen zunächst in ihren wesentlichen Aussagen wiedergegeben werden, bevor der eigene Standpunkt dargelegt wird.

A. Das 'Menschenbild des Grundgesetzes' in der verfassungsrechtlichen Literatur

I. Streitpunkt "Menschen-Bild"

Die vermutlich früheste Reaktion auf die Menschenbildformel des Bundesverfassungsgerichts aus der Investitionshilfe-Entscheidung findet sich in einem Aufsatz von Hamann aus dem Jahr 1955.[1] Hamann wendet sich gegen den Versuch, dem Grundgesetz irgendein Menschenbild zu entnehmen, er kritisiert die Vorstellung, daß dem Grundgesetz ein vorgefaßtes, einheitliches Bild vom Menschen zugrundeliege. Seiner Ansicht nach will das Grundgesetz gerade den Eigenarten der Menschen Rechnung tragen, weshalb die Deutung, daß das Grundgesetz ein Menschenbild, d.h. einen bestimmten, genormten Menschen-

---

[1] *Hamann*, Die Freiheit der Persönlichkeitsentfaltung im wirtschaftlichen Bereich, in: BB 1955, S. 105-107.

typ, etwa den des "ordentlichen Staatsbürgers" vorstelle, abzulehnen sei.[2] Diese Kritik ist von verschiedenen Autoren wiederholt und bekräftigt worden[3]; Helmut Ridder hat sie in ihrer pointiertesten Form vorgetragen:

"Das 'Menschenbild des Grundgesetzes', mit dem wir es hier zu tun haben, ist allemal kein solches des Grundgesetzes, sondern ein von den Gedanken der Richter des Ersten Senats des Bundesverfassungsgerichts gemachtes, ja ein von ihnen zelebriertes und von ihrem, den zirkulären Trampelpfad der Politik begleitenden Chor gesungenes - ein ganz und gar unfrommes, von einem ganz und gar unfrommen Chor gesungenes, haben die Sänger doch ganz und gar des Zweiten Gebots des Dekalogs vergessen, wonach man sich weder von dem, was über der Erde, noch von dem, was auf der Erde (und natürlich auch nicht von dem, was unter der Erde) ist, ein Bild machen darf, um es anzubeten (bzw. durch Destruierung an- und wegzubeten)."[4]

Gegen diesen Vorwurf hat Dürig eingewendet, daß er der Menschenbildformel des Bundesverfassungsgerichts nicht gerecht werde. Allein von dem Begriff des "Menschenbildes" auf einen "genormten Menschentyp" zu schließen, den die Karlsruher Richter dem Grundgesetz unterlegen wollten, sei unrichtig,

---

2 *Hamann*, Die Freiheit der Persönlichkeitsentfaltung im wirtschaftlichen Bereich, in: BB 1955, S. 105 (107); vgl. auch *ders.*, Das Grundgesetz für die Bundesrepublik Deutschland vom 23. Mai 1949, 1. Auflage 1956, C. 1 zu Art. 1 (2. Auflage 1961, B.1.a) zu Art. 1; 3. Auflage, fortgeführt von *Hamann* jr. und *Lang*, B.1.a) zu Art. 1).

3 Vgl. *Nipperdey/Wiese*, Die Grundrechte IV/2, S. 741 (773); wie Hamann wenden sich Nipperdey/Wiese gegen ein 'Menschenbild des Grundgesetzes' mit einem Verweis auf den Wortlaut von Art. 2 Abs. 1 GG, der ausdrücklich bestimmt, daß jeder das Recht auf Entfaltung seiner Persönlichkeit habe. Siehe weiterhin *Lerche*, Werbung und Verfassung, S. 139 ff.

4 *Ridder*, "Das Menschenbild des Grundgesetzes" - Zur Staatsreligion der Bundesrepublik Deutschland, in: DuR 1979, S. 123 f. Vgl. auch *ders.*, Die soziale Ordnung des Grundgesetzes, S. 154: "So wird die Aufgabe des Grundgesetzes verfehlt, 'die Würde des Menschen ... zu achten und zu schützen' (Art. 1 Abs. 1 GG). Das Bundesverfassungsgericht hat diese 'aller staatlichen Gewalt' obliegende Pflicht mit der Pflicht vertauscht, das 'Menschenbild des Grundgesetzes' zu wahren. Doch das Grundgesetz enthält kein 'Menschen*bild*'. Ein vorgefaßtes 'Menschenbild' ist eine Vergewaltigung des Menschen. Ein 'Menschenbild' hatten die Nazis (einschließlich des komplementären Bildes vom 'Untermenschen'). Alles, was das Grundgesetz regelt, soll nach dem Grundgesetz dazu dienen, daß 'die Würde des Menschen' geachtet und geschützt wird. Deshalb müssen diese Regelungen eingehalten werden; das ist der Sinn der Verbindung des am Anfang des Grundgesetzes stehenden Art. 1 Abs. 1, der selbst keine Norm ist, mit einer höchstrangig normativen therapeutisch-demokratischen Verfassung. Befolgt werden können diese Regelungen nur, wenn sie erkannt werden. Erkannt werden können sie nur, wenn gesehen wird, was sie regeln. Was sie regeln, regeln sie für die Menschen und nicht für ein fiktives 'Menschenbild'."

zumal die Menschenbildformel die Einmaligkeit und Unwiederholbarkeit durch ihr Sprechen vom "Eigenwert der Person" durchaus betone.[5]

Nur geringfügig von der Position Dürigs unterscheidet sich die Ekkehart Steins, der die Menschenbildformel gegen Hamann mit dem Hinweis darauf verteidigt, daß sie überhaupt keine Aussagen über das Wesen des Menschen, sondern allein über das Verhältnis vom Individuum zur Gemeinschaft treffe.[6] Stein räumt dabei ein, daß der Begriff des Menschenbildes irreführend sei und deshalb besser vermieden worden wäre.[7]

Aus jüngerer Zeit ist als positive Stellungnahme zur Menschenbildformel des Bundesverfassungsgerichts insbesondere Häberles Beitrag "Das Menschenbild im Verfassungsstaat"[8] zu nennen, der die Menschenbildformel als einen "'Gemeinplatz' im guten Sinne"[9] bezeichnet.[10] Trotz dieser wohlmeinenden Kennzeichnung des verfassungsgerichtlichen Menschenbildes, ist Häberle im

---

[5] *Dürig*, in: Maunz/Dürig/Herzog/Scholz, Grundgesetz, Art. 1 Abs. 1, Fn. 2 zu Rd. 46.

[6] *Stein*, Das Recht des Kindes auf Selbstentfaltung in der Schule, S. 81 Fn. 39; vgl. auch S. 21 f.; ähnlich auch *Evers*, Verfassungsrechtliche Determinanten der inhaltlichen Gestaltung der Schule, in: Essener Gespräche zum Thema Staat und Kirche, Bd. 12 (1977), S. 104 (115).

[7] *Stein*, Das Recht des Kindes auf Selbstentfaltung in der Schule, S. 22, S. 81 Fn. 39. Als weiterer Befürworter der Menschenbildformel, die zumeist ohne Problematisierung übernommen wird, sind zu nennen: *Benda*, "Die Würde des Menschen ist unanstastbar", in: ARSP-Beiheft Nr. 22 (1985), S. 23 (24); *ders.*, Menschenwürde und Persönlichkeitsrecht, in: ders./Maihofer/Vogel, Handbuch des Verfassungsrechts, S. 161 (163 ff.); *Bleckmann*, Staatsrecht II, S. 79; *Gerber*, Die Sozialstaatsklausel des Grundgesetzes, in: AöR 81 (1956), S: 1 (28); *Hesse*, Grundzüge des Verfassungsrechts der Bundesrepublik Deutschland, Rd. 116; *Gallwas*, Grundrechte, S. 11 f.; *Hamel*, Die Bedeutung der Grundrechte im sozialen Rechtsstaat, S. 32 f.; *Hesse*, Die Bindung des Gesetzgebers an das Grundrecht des Art. 2 I GG bei der Verwirklichung einer "verfassungsmäßigen Ordnung", S. 28 f.; *Hubmann*, Das Menschenbild unserer Rechtsordnung, in: Festschrift Nipperdey, S. 37 (53); *von Münch*, Staatliche Wirtschaftshilfe und Subsidiaritätsprinzip, in: JZ 1960, S. 303 (305); *Ossenbühl*, Probleme und Wege der Verfassungsauslegung, in: DÖV 1965, S. 649 (658); *Schneider*, Der Schutz des Wesensgehalts von Grundrechten nach Art. 19 Abs. 2 GG, S. 244 f.; *Scholz*, Die Koalitionsfreiheit als Verfassungsproblem, S. 69 ff.; *Stern*, Menschenwürde als Wurzel der Menschen- und Grundrechte, in: Festschrift Scupin, S. 627 (636); *ders.*, Staatsrecht III/1, S. 31 ff.; *Tomuschat*, Der staatlich geplante Bürger, in: Festschrift Menzel, S. 22 (32 f.); *Zippelius*, in: Bonner Kommentar, Art. 1 (Drittbearbeitung) Rd. 14.

[8] Berlin 1988; vgl. schon früher *ders.*, Verfassungsprinzipien als Erziehungsziele, in: Festschrift H. Huber, S. 211 (235 f.).

[9] *Häberle*, Das Menschenbild im Verfassungsstaat, S. 44.

[10] Kritisch dagegen *Isensee*, Demokratischer Rechtsstaat und staatsfreie Ethik, in: Essener Gespräche zum Thema Staat und Kirche, Bd. 11 (1977), S. 92 (113): "Die vielzitierte "Menschenbild"-Formel (...) enthält nicht mehr als einen Gemeinplatz. Dieser könnte allerdings als Passepartout für die meisten der politischen Ideologien dienen."

Umgang mit dem Begriff des "Menschenbildes" vorsichtig. Ihm scheint der Begriff insofern mißverständlich, als er zu der Annahme verleiten könnte, dem Grundgesetz läge ein homogenes und umfassendes Menschenbild zugrunde.[11] Einer derartigen Fehldeutung versucht er vorzubeugen, indem er vorschlägt, "auf *Verfassungsebene* nicht von 'dem' Menschenbild, sondern von 'den' Menschenbildelementen, also im Plural zu sprechen."[12]

II. Umstrittene Funktion des Menschenbildes

Neben dieser Auseinandersetzung um den Begriff "Menschenbild" wird auch die argumentative Funktion der Menschenbildformel kontrovers diskutiert.

Tomuschat erblickt in der Menschenbildformel "einen Argumentationsbehelf von sachlich beschränkter, genau angebbarer funktioneller Tragweite"[13]: Die Formel diene dazu, darzutun, daß Grundrechte nicht mit umfassendem Geltungsanspruch begabt gedacht werden können.[14] Tomuschat erhebt hiergegen keinerlei Einwände.

Demgegenüber betont *Häberle*, daß die Menschenbildformel nicht einseitig pflichtbegründend und freiheitsbegrenzend eingesetzt werden dürfe.[15] Das Menschenbild könne und müsse auch der Erweiterung und Intensivierung des Freiheits- und Schutzbereichs des Bürgers dienlich sein.[16] Häberle versucht hiermit, den Einwand Höflings zu entkräften, daß der Menschenbildformel (nur) eine "Pflichtensphäre" immanent sei, was sich nicht vertrüge mit der Verfassungsordnung des Grundgesetzes, die von einer Präponderanz der Freiheit ausgehe.[17]

---

11 *Häberle*, Das Menschenbild im Verfassungsstaat, S. 63.

12 *Häberle*, Das Menschenbild im Verfassungsstaat, S. 63; Hervorhebungen im Original.

13 Die von Tomuschat behauptete funktionelle Eindimensionalität der Menschenbildformel erweist sich vor dem Hintergrund einer genaueren Analyse der verfassungsgerichtlichen Judikatur als unzutreffend; vgl. 5. Teil dieser Arbeit.

14 *Tomuschat*, Der staatlich geplante Bürger, in: Festschrift Menzel, S. 22 (32); zustimmend *Evers*, Verfassungsrechtliche Determinanten der inhaltlichen Gestaltung der Schule, in: Essener Gespräche zum Thema Staat und Kirche, Bd. 12 (1977), S. 104 (116).

15 *Häberle*, Das Menschenbild im Verfassungsstaat, S. 47 f.

16 *Häberle*, Das Menschenbild im Verfassungsstaat, S. 45.

17 *Höfling*, Offene Grundrechtsinterpretation - Grundrechtsauslegung zwischen amtlichem Interpretationsmonopol und privater Konkretisierungskompetenz, S. 104 ff., S. 113 ff.

Auch die prinzipielle Tauglichkeit der Menschenbildformel als verfassungsrechtlicher Argumentationstopos wird von einigen Stimmen in der Literatur in Zweifel gezogen.

Für Forsthoff ist der Erkenntniswert der Menschenbildformel des Bundesverfassungsgerichts "gleich Null".[18] Mit deutlicher Kritik weist er darauf hin, daß diese Formel gleichwohl "zum Incitamentum der modernen Grundrechtsinterpretation werden konnte."[19] Denninger spricht im Hinblick auf die Menschenbildformel von den "Leer-Begriffen" der "Gemeinschaftsgebundenheit" und der "Eigenständigkeit".[20] Geis scheint der Wert der Menschenbildformel, die er in die Nähe eines dilatorischen Formelkompromisses rückt, als Mittel der Verfassungsinterpretation fragwürdig, da "der Begriff der Gemeinschaft als Korrelat des Inidviduums sowohl als Summe der Individuen als auch als über diese hinausgehendes eigenständiges Gebilde verstanden werden kann."[21]

Eine dezidierte Gegenposition zur eben skizzierten skeptischen Einschätzung des Wertes der Menschenbildformel als Mittel der Verfassungsinterpretation durch Forsthoff, Denninger und Geis vertritt Kopp.[22] Nach seiner Auffassung stellt das Menschenbild des Grundgesetzes, wie es das Bundesverfassungsgericht in seiner Menschenbildformel umschreibt, einen zentralen Begriff des geltenden deutschen Rechts dar, dem alles Recht zu- und untergeordnet sei und das als verbindliche Richtschnur für die Auslegung und Anwendung auch des einfachen Rechts gelte. Dabei handle es sich bei dem Menschenbild des geltenden Rechts nicht um einen abstrakten Begriff, mit dem sich gut leben lasse, weil er zu hoch gegriffen sei, um irgendwo zu "stören", und über den man al-

---

18 *Forsthoff*, Zur heutigen Situation einer Verfassungslehre, in: Epirrhosis. Festgabe für Carl Schmitt, S. 185 (192).

19 *Forsthoff*, Zur heutigen Situation einer Verfassungslehre, in: Epirrhosis. Festgabe für Carl Schmitt, S. 185 (192); zur Bedeutung der Menschenbildformel für die Grundrechtsinterpretation des Bundesverfassungsgerichts vgl. 5. Teil A. dieser Arbeit.

20 *Denninger*, Staatsrecht, Band 1, S. 21; vgl. hierzu auch *Dreier* (Buchbesprechung: Peter Häberle, Das Menschenbild im Verfassungsstaat, in: AöR 116 (1991), S. 623 (628)), der zutreffend darauf hinweist, daß es sich beim 'Menschenbild des Grundgesetzes' jedoch nicht um eine *folgenlose* Leerformel handelt: "Die einschlägige Judikatur zeigt dabei zunächst, daß die Menschenbild-Kategorie nicht bloß folgenlose Leerformel, rhetorischer Gemeinplatz oder schmückende Wortarabeske ist. Greifbare Relevanz entfaltet sie neben anderen vom Bundesverfassungsgericht kreierten "Schlüsselbegriffen" (Denninger) gerade wegen ihrer Unschärfe und Konkretisierungsbedürftigkeit dort, wo das positive Gesetzes- und Verfassungsrecht in Ermangelung klarer Regeln als alleinige Entscheidungsgrundlage ausfällt. Hier fungiert das Menschenbild des Grundgesetzes als argumentative Generalklausel."

21 *Geis*, Kulturstaat und kulturelle Freiheit, S. 174.

22 *Kopp*, Das Menschenbild im Recht und in der Rechtswissenschaft, in: Festschrift für Obermayer, 1986, S. 53-64.

lenfalls akademisch streiten könne. Das Menschenbild sei ein konkretes, bestimmtes und auch praktisch aussagekräftiges Menschenbild in dessen Licht die Gerichte und Rechtspraxis das gesamte geltende Recht sähen und anwänden und, wo dies erforderliche scheine, auch, weil, sie an Gesetz und Recht gebunden seien, korrigieren, und in dessen Licht auch der Gesetzgeber die Gesetze konzipieren müsse.[23]

III. Exkurs: Die Konzeption des Menschenbildes bei Willi Geiger

Die bislang skizzierte Diskussion in der verfassungsrechtlichen Literatur über das 'Menschenbild des Grundgesetzes', wie es vom Bundesverfassungsgericht entworfen wurde, beschränkt sich auf eine Zustimmung bzw. Ablehnung der Konzeption des höchsten deutschen Gerichts. Neben dieser unmittelbar an die Rechtsprechung des Bundesverfassungsgerichts gebundene Auseinandersetzung mit dem 'Menschenbild des Grundgesetzes' gibt es, soweit ersichtlich, einen Versuch, ein 'Menschenbild des Grundgesetzes' zu entwerfen, das - auf der Menschenbildformel des Bundesverfassungsgerichts aufbauend - über diese deutlich hinausgreift und so ein eigenes Profil gewinnt. Willi Geiger, selbst langjähriges Mitglied des Bundesverfassungsgerichts, hat seine Konzeption eines 'Menschenbildes des Grundgesetzes' in einem Vortrag aus dem Jahr 1981 entworfen[24], der in der Festschrift für H.J. Faller veröffentlicht wurde.

Geiger stellt, ausgehend von der Menschenbildformel des Bundesverfassungsgerichts[25] und mit Hinweis auf Bestimmungen des Grundgesetzes, sieben Wesenszüge des 'Menschenbildes des Grundgesetzes' heraus. Dem Grundgesetz liegt nach Geigers Ansicht ein Bild vom Menschen als einem vernunftbegabten, sittlichen, religiösen Wesen zugrunde[26]; weitere wesenhafte Attribute des Menschen erblickt er in der fundamentalen Gleichheit[27] und der Unvollkommenheit

---

[23] *Kopp*, Das Menschenbild im Recht und in der Rechtswissenschaft, in: Festschrift für Obermayer, 1986, S. 53 (55).

[24] *Geiger*, Menschenrecht und Menschenbild in der Verfassung der Bundesrepublik Deutschland, in: Festschrift für H.-J. Faller, 1984, S. 3-15.

[25] *Geiger*, Menschenrecht und Menschenbild in der Verfassung der Bundesrepublik Deutschland, in: Festschrift für H.-J. Faller, 1984, S. 3 (6).

[26] *Geiger*, Menschenrecht und Menschenbild in der Verfassung der Bundesrepublik Deutschland, in: Festschrift für H.-J. Faller, 1984, S. 3 (8 ff.).

[27] *Geiger*, Menschenrecht und Menschenbild in der Verfassung der Bundesrepublik Deutschland, in: Festschrift für H.-J. Faller, 1984, S. 3 (10 f.).

der Menschen[28] sowie der Charakterisierung als "animal sociale"[29] und "homo politicus".[30]

Der Blick in die staatsrechtliche Literatur vermittelt, wie die vorstehenden Ausführungen belegen, ein buntes Bild widerstreitender Stellungnahmen zur Menschenbildformel des höchsten deutschen Gerichts. Unbefriedigend an den allermeisten Äußerungen erscheint dabei, daß eine genaue Analyse dessen, was in der Menschenbildformel ausgesagt ist, fehlt. Während sich für manche das Bundesverfassungsgericht bereits durch die Verwendung des Begriffs "Menschenbild" disqualifiziert hat, ist für andere allein die argumentative Funktion der Menschenbildformel maßgeblich für deren positive oder negative Beurteilung. Diese ausschnittweise Betrachtung der Menschenbildformel führt jedoch kaum zu einer sachgemäßen Auseinandersetzung mit dem vom Bundesverfassungsgericht entworfenen 'Menschenbild des Grundgesetzes', da auf diese Weise nur *einzelne* Aspekte des Menschenbildes einer Prüfung unterzogen werden.

Demgegenüber erscheint es sinnvoll - und damit sei der Fortgang der vorliegenden Arbeit angedeutet - zunächst den Inhalt der Menschenbildformel zu ermitteln, um sodann zu fragen, inwieweit dieses Menschenbild als ein solches des Grundgesetzes bezeichnet werden kann. In einem weiteren Schritt ist die argumentative Funktion des Menschenbildes zu untersuchen, wobei es letztlich darum gehen wird, die Eignung der Menschenbildformel als einem Instrument der Verfassungsinterpretation zu bestimmen.

B. Inhalt der Menschenbildformel

Die Menschenbildformel des Bundesverfassungsgerichts, jener "'Urtext' zu Menschenbildfragen"[31], findet sich, wie bereits erwähnt, zum ersten Mal[32] in der Investitionshilfe-Entscheidung.

---

[28] *Geiger*, Menschenrecht und Menschenbild in der Verfassung der Bundesrepublik Deutschland, in: Festschrift für H.-J. Faller, 1984, S. 3 (13); die Frage, ob nicht gerade die Unvollkommenheit des Menschen den Kern des menschlichen Wesens ausmacht, wirft Benda angesichts der Herausforderung der modernen Humangenetik an das Verfassungsrecht auf, vgl. *Benda*, Erprobung der Menschenwürde am Beispiel der Humangenetik, in: Aus Politik und Zeitgeschichte, B. 3/85, S. 18 (35).

[29] *Geiger*, Menschenrecht und Menschenbild in der Verfassung der Bundesrepublik Deutschland, in: Festschrift für H.-J. Faller, 1984, S. 3 (11 f.).

[30] *Geiger*, Menschenrecht und Menschenbild in der Verfassung der Bundesrepublik Deutschland, in: Festschrift für H.-J. Faller, 1984, S. 3 (13).

[31] *Häberle*, Das Menschenbild im Verfassungsstaat, S. 45.

Im Zusammenhang mit der Frage, ob die durch das Investitionshilfegesetz der gewerblichen Wirtschaft aufgegebene Bildung eines Investitionshilfefonds gegen Art. 2 Abs. 1 GG verstoße, führte das Verfassungsgericht aus:

"Das Menschenbild des Grundgesetzes ist nicht das des isolierten souveränen Individuums; das Grundgesetz hat vielmehr die Spannung Individuum - Gemeinschaft im Sinne der Gemeinschaftsbezogenheit und Gemeinschaftsgebundenheit der Person entschieden, ohne dabei deren Eigenwert anzutasten. Das ergibt sich insbesondere aus einer Gesamtsicht der Art. 1, 2, 12, 14, 15, 19 und 20 GG. Dies heißt aber: der Einzelne muß sich diejenigen Schranken seiner Handlungsfreiheit gefallen lassen, die der Gesetzgeber zur Pflege und Förderung des sozialen Zusammenlebens in den Grenzen des bei dem gegebenen Sachverhalt allgemein Zumutbaren zieht, vorausgesetzt, daß dabei die Eigenständigkeit der Person gewahrt bleibt."[33]

I. Grundthema der Menschenbildformel

Wovon handeln die drei hier zitierten Sätze?[34]

Während der erste Satz mit den Begriffen der "Gemeinschaftsbezogenheit" und "Gemeinschaftsgebundenheit" den Kern des Menschenbildes und der

---

[32] Eine frühere Äußerung des Bundesverfassungsgerichts, die eine Aussage für die Menschenauffassung des Grundgesetzes enthält, findet sich in BVerfGE 2, 1 (12).

[33] BVerfGE 4, 7 (15 f.).

[34] Vgl. hierzu aus *Ridders* "satirischer Analyse" (Vorbemerkung zu: ders., "Das Menschenbild des Grundgesetzes". Zur Staatsreligion der Bundesrepublik Deutschland, in: Demokratie und Recht 1979, S. 123) die Kommentierung der Menschenbildformel: "'Das Menschenbild des Grundgesetzes ist nicht das eines isolierten souveränen Individuums' - wer wollte das in Zweifel ziehen, wo doch das einzige in der Geschichte der Neuzeit konkret in Erscheinung getretene nachweislich 'isolierte souveräne Individuum' Kaspar Hauser heißt! - 'das Grundgesetz hat vielmehr die Spannung Individuum - Gemeinschaft im Sinne der Gemeinschaftbezogenheit und Gemeinschaftsgebundenheit der Person entschieden' - nanu? Sollte hier der teuflische Kollektivismus eingebrochen sein? Gemach: - 'ohne dabei deren Eigenwert anzutasten'. Na Gottseidank! - Nun steht da aber gar nicht drin, im Grundgesetz nämlich, in dem doch wirklich nur steht, was drin steht. Doch der Senat hilft uns da etwas weiter. Zwar hüllt er sich über Ort, Zeit und Umstände der ihm gewordenen Generaloffenbarung völlig in Schweigen. Aber mit einem 'insbesondere' gibt er einen Fingerzeig: 'Das ergibt sich', sagt er, 'insbesondere aus einer *Gesamtsicht* (!) der Art. 1, 2, 12, 14, 15, 19 und 20 GG.' Hier haben wir es mit dem ersten ganz deutlichen Auftreten einer außerordentlich fruchtbaren Kombination von weitesttragender Bedeutung in der Serie 'Law Fiction' zu tun, der Zusammenfassung des eine verfassungstranszendierende neue politische Einheit stiftenden Ganzheits- mit dem nur scheinbar profaneren Speisekartenprinzip gepflegter Gastlichkeit. Man muß nämlich

zweite Satz einen Begründungsversuch dieser zentralen Aussage enthält, findet sich im dritten Satz schon eine erste Konkretisierung der Menschenbildformel.

Ganz grob läßt sich dabei feststellen, daß es sich bei dem verfassungsgerichtlichen Menschenbild um einen Versuch handelt, den Standort des Menschen in einem Spannungsfeld zu bestimmen. Den einen Extrempunkt des Spannungsfeldes bildet die Vorstellung vom Menschen als einem sich selbst genügenden, vereinzelten Wesen, einem zufriedenen, einsamen Robinson Crusoe.[35] Der Gegenpol besteht in einer Sicht des Menschen, die ihn ausschießlich als Glied einer Gemeinschaft begreift.

Angedeutet werden die möglichen Extreme in der Menschenbildformel durch die Begriffe "Individuum" und "Gemeinschaft"; diese beiden Pole können auch mit den Begriffspaaren "Individualismus oder Kollektivismus", "Freiheit oder Unfreiheit des einzelnen", "totaler Egoismus des Individuums oder totalitärer Staat" umschrieben werden.

Die Menschenbildformel entscheidet sich weder für einen extremen Individualismus, noch für einen extremen Kollektivismus: während ihr erster Halbsatz eine Absage an die Menschenauffassung des Liberalismus enthält, wird im Sprechen vom "unantastbaren Eigenwert" des Menschen deutlich gemacht, daß Ansprüchen der Gemeinschaft an den Menschen Grenzen gesetzt sind. Die dialektische Spannung zwischen Individuum und Gemeinschaft wird in der Menschenbildformel des Bundesverfassungsgerichts durch die Gemeinschaftsbezogen- und Gemeinschaftsgebundenheit der Person, deren Eigenwert nicht angetastet werden dürfe, "aufgehoben". Doch obgleich das Bundesverfassungsgericht in der Menschenbildformel davon spricht, daß das Grundgesetz in seinem Menschenbild diese Spannung *entschieden* habe (eben im Sinne der Gemeinschaftsbezogen- und Gemeinschaftsgebundenheit der Person), ist dies nicht als Auflösung bzw. Überwindung der Spannung zu verstehen. Vielmehr wirkt der Antagonismus Individuum - Gemeinschaft in der Formulierung von der Gemeinschaftsbezogen- und Gemeinschaftsgebundenheit des Menschen,

---

wissen - und kann das auch in den späteren Dutzenden Ausfaltungen dieser Kombination bestätigt finden -, daß hier die Verfassung als Ganzes und die Verfassung als die Summe ihrer Teile (= Art. 1 bis 146 GG) als zwei völlig verschiedene Wesenheiten gedacht sind, von denen die letztere zwar nicht völlig belanglos, aber allemal eine untergeordnete ist und sich daher im Einzelfall ganz oder teilweise in Nichts auflöst." (*Ridder*, "Das Menschenbild des Grundgesetzes". Zur Staatsreligion der Bundesrepublik Deutschland, in: Demokratie und Recht 1979, S. 123 (129).

[35] Vgl. *Jellinek*, Adam in der Staatslehre, in: Ausgewählte Schriften und Reden, Band 2, S. 23 (41 f.), der Robinson Crusoe als Paradigma für die individualistische-atomistische Anschauung von Staat und Gesellschaft deutet.

dem unantastbarer Eigenwert zukomme, fort. Die dialektische Spannung wird gleichsam in eine andere Formulierung eingekleidet.

Das Menschenbild erweist sich mithin als janusköpfig, seine Struktur zeichnet sich durch ein "Sowohl-als-auch"[36] aus.

Dieser Befund ist in der staatsrechtlichen Literatur unbestritten und wird häufig dergestalt umschrieben, daß sich das Grundgesetz in der Stufenfolge Individualismus - Personalismus - Kollektivismus für die mittlere Linie des Personalismus entschieden habe.[37] Die Einordnung vermag keineswegs zu überraschen; sie bestätigt die enge Verwandtschaft zwischen der Sichtweise des Menschen durch das Bundesverfassungsgericht und dem Menschenbild Wintrichs.

Im Zentrum der Menschenbildformel steht, wie Ekkehart Stein zutreffend bemerkt[38], keine Aussage über die Natur des Menschen, über den Menschen "an sich", sondern eine Beschreibung des Verhältnisses Individuum - Gemeinschaft. Dabei geht es letztlich um die Frage nach dem Umfang individueller Freiheit in der Gemeinschaft, nach dem Verhältnis von Freiheit und Bindung des einzelnen. Genau auf diese Frage versucht das Bundesverfassungsgericht in der Menschenbildformel eine Antwort zu geben. Die Menschenbildformel enthält eine Aussage über die Gestalt individueller Freiheit, wie sie nach Ansicht des höchsten deutschen Gerichts im Grundgesetz verfaßt ist. Oder anders ausgedrückt: Das Thema der Menschenbildformel ist die Umschreibung des der Verfassung zugrundeliegenden Freiheitsbegriffs.

Versteht man, wie Stein, unter einem 'Menschenbild des Grundgesetzes' Aussagen über die Natur des Menschen, so ist seine Kritik berechtigt, daß es sich bei der Menschenbildformel nicht wirklich um den Entwurf eines Men-

---

36 Die Bezeichnung des "Sowohl-als-auch" verwendet *Geis*, Kulturstaat und kulturelle Freiheit, S. 174.

37 *Peters*, Die freie Entfaltung der Persönlichkeit als Verfassungsziel, in: Festschrift Laun, S. 669 (671); ihm zustimmend etwa *Stern*, Staatsrecht III/1, S. 32; *Dürig*, in: Maunz/Dürig/Herzog/Scholz, Grundgesetz, Art. 1 Abs. 1 Rd. 47; *von Mangold/Klein* Das Bonner Grundgesetz, Art. 2, Anm. III, 3; ähnlich auch *Hesse*, Grundzüge des Verfassungsrechts der Bundesrepublik Deutschland, Rd. 116; *Benda*, Menschenwürde und Persönlichkeitsrecht, in: ders./Maihofer/Vogel (Hrsg.), Handbuch des Verfassungsrechts, S. 161 (163 f.); siehe auch *Wiesner*, Das personale Menschenbild des Grundgesetzes und seine Verformungen in ausgewählten Politikfeldern (Abtreibung - Ehescheidungsrecht - Bildungspolitik). Kritisch zum Personalismus *Wertenbruch*, Grundgesetz und Menschenwürde, S. 92, 137.

38 *Stein*, Das Recht des Kindes auf Selbstentfaltung in der Schule, S. 22, 81 (Fn. 39); vgl. auch *Evers*, Verfassungsrechtliche Determinanten der inhaltlichen Gestaltung der Schule, in: Essener Gespräche zum Thema Staat und Kirche, Bd. 12 (1977), S. 104 (115 f.)

schenbildes handelt. Doch läßt sich die Terminologie des Bundesverfassungsgerichts mit guten Gründen vertreten, wenn man, wie eingangs in dieser Arbeit dargelegt[39], unter 'Menschenbild des Grundgesetzes' die Zusammenfassung der wesentlichen Strukturen des Verhältnisses des einzelnen zur Gemeinschaft versteht.

II. Akzentuierung der Grenzen individueller Freiheit

Der Versuch, den Inhalt der Menschenbildformel zu beschreiben, muß jedoch nicht bereits an dieser Stelle abbrechen.[40] Vielmehr kann weitergehend gefragt werden, ob die Menschenbildformel nicht einem der beiden Extrempunkte näher steht als dem anderen, ob sie also die Freiheit des Menschen oder aber die Begrenzung individueller Freiheit durch die Gemeinschaft betont.

Liest man die obige Passage aus der Investitionshilfe-Entscheidung vor dem Hintergrund dieser Fragestellung, wird erkennbar, daß jenes dort formulierte Menschenbild nicht exakt in der Mitte zwischen individualistischen und kollektivistischen Vorstellungen vom Menschen zu lokalisieren ist, dem Punkt perfekter Äquidistanz, sondern durch eine Akzentuierung der Freiheitsgegrenzung des einzelnen Menschen zugunsten der Gemeinschaft charakterisiert wird.

1. "Das Menschenbild des Grundgesetzes ist nicht das eines isolierten souveränen Individuums"[41]

Bereits der erste Halbsatz der Menschenbildformel deutet eine derartige Gewichtung an: die Formel beginnt mit der Absage an die Vorstellung von einem isolierten souveränen Individuum. Diese Absage impliziert die Negation prinzipiell unbegrenzter Freiheit des einzelnen Menschen[42], von der Carl Schmitt in seinem rechtsstaatlichen Verteilungsprinzip spricht.[43] Die Menschenbildformel des Bundesverfassungsgerichts beginnt nicht mit einer positiven Umschreibung menschlicher Freiheit, sondern mit der Feststellung, daß individueller Freiheit

---

[39] Vgl. 1. Teil A.

[40] So aber wohl *Hesse*, Die Bindung des Gesetzgebers an das Grundrecht des Art. 2 I GG bei der Verwirklichung einer "verfassungsmäßigen Ordnung", S. 28 f.

[41] BVerfGE 4, 7 (15).

[42] Vgl. BVerfGE 45, 187 (227).

[43] *Schmitt*, Verfassungslehre, S. 126, 164 ff.; vgl. hierzu ausführlich 3. Teil C. II. 4.

Grenzen gezogen sind und lenkt damit automatisch den Blick auf den Aspekt der Begrenztheit menschlicher Freiheit.

2. *"... Das Grundgesetz hat vielmehr die Spannung Individuum-Gemeinschaft im Sinne der Gemeinschaftsbezogenheit und Gemeinschaftsgebundenheit der Person entschieden, ohne dabei deren Eigenwert anzutasten."*[44]

Noch deutlicher tritt dieser Wesenszug des Menschenbildes - die Betonung der Einschränkbarkeit persönlicher Freiheit zum Vorteil der Gemeinschaft - im zweiten Teil des ersten Satzes hervor. Die beiden Schlüsselbegriffe in jenem Halbsatz, die "Gemeinschaftsbezogenheit" und - gleichsam als deren Steigerung - die "Gemeinschaftsgebundenheit", weisen auf die Einbindung des Menschen in eine Gemeinschaft hin. Nicht von freier Entfaltung oder Selbstbestimmung ist hier die Rede, sondern davon, daß der Mensch auf Gemeinschaft hingeordnet ist und demgemäß sich in sie einfügen muß. Das in der "Gemeinschaftsgebundenheit" enthaltene Wort der "Bindung" macht augenfällig, wie auch hier der freiheitsbegrenzende Aspekt des Menschenbildes, seine eher kollektivistische Seite, nach vorne gerückt wird. Aus der Gemeinschaftsgebundenheit läßt sich zudem unschwer eine Pflichtenstellung des Menschen gegenüber der Gemeinschaft herauslesen, und in der Entscheidung anläßlich der Einführung der allgemeinen Wehrpflicht spricht dies das Verfassungsgericht auch aus. In der Entscheidung wandeln die Karlsruher Richter die Menschenbildformel leicht ab:

"Mit den rechtlichen und geistig-politischen Prinzipien, die das Grundgesetz beherrschen, ist die allgemeine Wehrpflicht vollends vereinbar: Das Grundgesetz ist eine wertgebundene Ordnung, die den Schutz von Freiheit und Menschwürde als den obersten Zweck allen Rechts erkennt; sein Menschenbild ist nicht das des selbstherrlichen Individuums, sondern das der in der Gemeinschaft stehenden und ihr vielfältig verpflichteten Persönlichkeit."[45]

Die Menschenbildformel entscheidet sich, wie eingangs ausgeführt, nicht für ein rein kollektivistisches Menschenbild, was in dem Nachsatz, der Eigenwert der Person dürfe nicht angetastet werden, zum Ausdruck kommt. Doch auch in dieser Formulierung findet sich die charakteristische Färbung der Menschenbildformel, ihre Akzentuierung individueller Freiheitsbegrenzung durch die

---

[44] BVerfGE 4, 7 (15 f.).

[45] BVerfGE 12, 45 (51); vgl. auch BVerfGE 28, 175 (189); 33, 1 (10 f.).

Gemeinschaft, wieder. Deutlich wird dies insbesondere, wenn man sich vergegenwärtigt, welcher Grundtenor die Aussage prägt, das Grundgesetz habe sich für die Gemeinschaftsbezogenheit und Gemeinschaftsgebundenheit der Person entschieden, *ohne dabei deren Eigenwert anzutasten*.[46] Der Tenor lautet nicht, was eine Betonung des Aspekts individueller Freiheit bedeuten würde: der Mensch ist grundsätzlich frei, seine Freiheit kann unter gewissen Vorausetzungen eingeschränkt werden. Vielmehr ist die grundlegende Perspektive des letzten Halbsatzes[47], von der aus der Mensch ins Auge gefaßt wird, die, daß die Freiheit des Menschen prinzipiell eingeschränkt werden kann, wobei jedoch ein gewisser minimaler Freiheitsraum nicht beseitigt werden darf.[48] Hier stehen die Bindung, die Gebundenheit des Menschen in der Gemeinschaft im Vordergrund, dort die Ungebundenheit, die Freiheit.

Erinnert man sich an die Herkunft der Menschenbildformel, so ist das Ergebnis der Analyse ihres ersten Satzes keineswegs überraschend. Denn die vom Bundesverfassungsgericht übernommene Menschenbildformel Wintrichs wurzelt, wie an anderer Stelle dargelegt[49], in einer Kommentierung der Pflichtengeneralklausel des Art. 117 BayVerf. Durch die Übernahme der Formulierung Wintrichs in die Judikatur des Bundesverfassungsgerichts blieb die Betonung der Begrenzung bzw. Begrenzbarkeit menschlicher Freiheit in der Menschenbildformel erhalten, während der Bezug zu Art. 117 BayVerf gelöst wurde.

---

46 Die Formulierung erinnert vom Wortlaut wie vom Inhalt her an die Wesensgehaltsgarantie in Art. 19 Abs. 2 GG. Interessanterweise findet sich die Wesensgehaltgarantie im Grundgesetz gleichfalls in unmittelbarem Zusammenhang mit einer Aussage über die Beschränkbarkeit von Grundrechten (Art. 19 Abs. 1 GG).

47 Dies ist die Perspektive der gesamten Menschenbildformel.

48 Insoweit besteht eine strukturelle Parallelität zu Art. 19 Abs. 1 und 2 GG, deren Hauptthema, wie bei der Menschenbildformel, nicht die Freiheit des einzelnen, sondern die Begrenzbarkeit der (durch die Grundrechte gewährleisteten) Freiheit ist.

49 Vgl. 3. Teil B. II. 1.

3. "Dies heißt aber: der Einzelne muß sich diejenigen Schranken seiner Handlungsfreiheit gefallen lassen, die der Gesetzgeber zur Pflege und Förderung des sozialen Zusammenlebens in den Grenzen des bei dem gegebenen Sachverhalt allgemein Zumutbaren zieht, vorausgesetzt, daß dabei die Eigenständigkeit der Person gewahrt bleibt."[50]

Die Auslegung des ersten Satzes der Menschenbildformel wird durch einen Blick auf ihren dritten Satz bestätigt und untermauert. Dort entfaltet das Bundesverfassungsgericht die Konsequenz, welche sich aus seinem Menschenbild für das Verhältnis Individuum - Staat ergibt, und diese Konsequenz lautet: die Freiheit des Menschen kann vom Gesetzgeber eingeschränkt werden, soweit dies der Pflege und Förderung des sozialen Ganzen dient, sich im Rahmen des allgemein Zumutbaren hält und die Eigenständigkeit der Person nicht beseitigt wird.

Die Möglichkeit, die Freiheit des einzelnen Menschen einzuschränken, bildet die zentrale Aussage auch des dritten Satzes[51], der sich so bruchlos in das im Einleitungssatz entworfene Menschenbild einfügt.

Als Quintessenz der Analyse der Menschenbildformel aus der Investitionshilfeentscheidung bleibt festzuhalten, daß sich das Bundesverfassungsgericht weder für das Extrem des Individualismus noch für das des Kollektivismus entscheidet. Der vom Bundesverfassungsgericht eingeschlagene Weg verläuft jedoch nicht exakt in der Mitte zwischen den beiden Extremen. Vielmehr zeichnet die Menschenbildformel der Karlsruher Richter eine merkliche Akzentuierung individueller Freiheitsbegrenzung durch die Gemeinschaft auf.[52]

---

[50] BVerfGE 4, 7 (16).

[51] Der dritte Satz führt insofern noch ein neues Element in die Menschenbildformel ein, als er ein materielles Kriterium dafür angibt, zu welchem Zweck der Gesetzgeber die Freiheit des einzelnen einschränken darf.

[52] Ebenso *Ossenbühl*, Probleme und Wege der Verfassungsauslegung, in: DÖV 1965, S. 649 (658). Ossenbühl zieht aus dieser zutreffenden Deutung der Menschenbildformel freilich fragwürdige Konsequenzen, vgl. hierzu 4. Teil, Fußnote 92 dieser Arbeit.

C. Versuche, die Menschenbildformel mit einem 'Menschenbild des Grundgesetzes' gleichzusetzen

Nachdem der Inhalt der Menschenbildformel des Bundesverfassungsgerichts näher beschrieben wurde, sei der Frage nachgegangen, inwieweit diese Formel tatsächlich das 'Menschenbild des Grundgesetzes' beinhaltet.

Zunächst läßt sich lapidar feststellen, daß die Menschenbildformel der Investitionshilfe-Entscheidung explizit nicht im Verfassungstext enthalten ist.[53] Doch es wäre vorschnell, allein aus diesem Umstand darauf schließen zu wollen, daß das Menschenbild, wie es vom Bundesverfassungsgericht in der Investitionshilfe-Entscheidung entworfen wird, nicht zu Recht als 'Menschenbild des Grundgesetzes' bezeichnet werden kann. Denn wie das Bundesverfassungsgericht bereits in einer seiner ersten Entscheidungen zutreffend ausgeführt hat, "... ist zu berücksichtigen, daß das Verfassungsrecht nicht nur aus den einzelnen Sätzen der geschriebenen Verfassung besteht, sondern auch aus gewissen sie verbindenden, innerlich zusammenhaltenden allgemeinen Grundsätzen und Leitideen, die der Verfassungsgesetzgeber, weil sie das vorverfassungsmäßige Gesamtbild geprägt haben, von dem er ausgegangen ist, nicht in einem besonderen Rechtssatz konkretisiert hat."[54]

Folgerichtig führte das Bundesverfassungsgericht in der Investitionshilfe-Entscheidung eigens aus, daß sich die Menschenbildformel insbesondere aus einer Gesamtsicht von Art. 1, 2, 12, 14, 15, 19 und 20 GG ergebe.[55]

Die entscheidende Frage lautet nun: Kann dem Grundgesetz, sei es aus dem Sinngehalt einer einzelnen Bestimmung oder aber aus der Zusammenschau verschiedener Verfassungsartikel, ein Menschenbild entnommen werden, das - ohne den Selbstand der Person aufzuheben - die Bindung des Menschen an die

---

[53] *Häberle*, Das Menschenbild im Verfassungsstaat, S. 75; *Dreier*, Buchbesprechung: Peter Häberle, Das Menschenbild im Verfassungsstaat, in: AöR 116 (1991), S. 623 (627); *Ridder*, "Das Menschenbild des Grundgesetzes", in: Demokratie und Recht 1979, S. 123 (129). Während Häberle und Dreier trotz der "Unauffindbarkeit" (Dreier) der Menschenbildformel im geschriebenen Verfassungstext zu einer positiven Bewertung der Menschenbildformel gelangen, stützt Ridder u.a. auf diesen Umstand seine Ablehnung der Menschenbildrechtsprechung.

[54] BVerfGE 2, 380 (403); zustimmend *Hesse*, Grundzüge des Verfassungsrechts der Bundesrepublik Deutschland, Rd. 34, der allerdings mit Recht statt vom "vorverfassungsmäßigen" vom "verfassungsmäßigen Gesamtbild" spricht. An dieser Stelle wird deutlich, daß zwischen dem Menschenbild und dem (vor-)verfassungsmäßigen Gesamtbild (vgl. dazu 1. Teil B. 2. dieser Arbeit) ein enger Zusammenhang besteht, das Menschenbild erscheint als Teil des (vor-)verfassungsmäßigen Gesamtbildes.

[55] BVerfGE 4, 7 (16).

Gemeinschaft und demgemäß die Grenzen individueller Freiheit, die Pflichten des einzelnen gegenüber dem Gemeinwesen hervorhebt?

I. Begründungsversuch aus Art. 1 Abs. 1 GG und hiergegen zu richtende Einwände

Es liegt nahe, an Art. 1 Abs. 1 GG anzuknüpfen[56], um zu versuchen, den Nachweis zu erbringen, daß die Menschenbildformel des Bundesverfassungsgerichts das 'Menschenbild des Grundgesetzes' zutreffend umschreibt. Dieser Ansatzpunkt scheint deswegen gut gewählt, da mit Art. 1 Abs. 1 GG, wie Häberle es formuliert, die "anthropologische Prämisse" des Staats- und Rechtsverständnisses der Verfassung gesetzt ist.[57]

Dennoch sind gegen den Versuch, die Menschenbildformel der Karlsruher Richter durch einen Verweis allein auf Art. 1 Abs. 1 GG zu belegen, Bedenken geltend zu machen.

1. Die Schwierigkeiten, den Gehalt der Menschenwürdegarantie zu formulieren

Zunächst lohnt es, sich zu vergegenwärtigen, daß die Versuche, eine konturscharfe Definition für das zu finden, was das Grundgesetz mit der Würde des Menschen bezeichnet, wenig ergiebig ausgefallen sind.[58] Zwar mangelt es nicht

---

[56] So wohl *Benda*, "Die Würde des Menschen ist unantastbar", in: ARSP-Beiheft Nr. 22 (1985), S. 23: "Das dem Recht zugrunde zu legende Menschenbild ist verfassungsrechtlich in dem Satz von der Unantastbarkeit der Menschenwürde zu suchen (Art. 1 Abs. 1 GG)."; *ders.*, Erprobung der Menschenwürde am Beispiel der Humangenetik, in: Aus Politik und Zeitgeschichte, B. 3/85, S. 13 (20); vgl. auch *Baruzzi*, Europäisches "Menschenbild" und das Grundgesetz für die Bundesrepublik Deutschland, S. 101 f., 104.

[57] *Häberle*, Die Menschenwürde als Grundlage der staatlichen Gemeinschaft, Rd. 56; vgl. auch *Stern*, Menschenwürde als Wurzel der Menschen- und Grundrechte, in: Festschrift Scupin, S. 627 (637); *ders.*, Staatsrecht III/1, S. 15; *Wintrich*, Zur Problematik der Grundrechte, S. 5; *Benda*, Die Würde des Menschen ist unantastbar", in: ARSP-Beiheft Nr. 22 (1985), S. 23 (24).

[58] *Häberle*, Die Menschenwürde als Grundlage der staatlichen Gemeinschaft, in: Isensee/Kirchhof, Handbuch des Staatsrechts der Bundesrepublik Deutschland, Band I (Grundlagen von Staat und Verfassung), Rd. 46. Einen Versuch, eine Definition für die Menschenwürde zu finden, unternimmt *Dürig*, in: Maunz/Dürig/Herzog/Scholz, Grundgesetz, Art. 1 Abs. 1, Rd. 18; ausdrücklich verzichtet demgegenüber Starck darauf, die Menschenwürde in eine Formel zu fassen, vgl. *von Mangoldt/Klein/Starck*, Das Bonner Grundgesetz, Art. 1 Abs. 1, Rd. 13.

an Begriffen, die die grundlegende Bedeutung von Art. 1 Abs. 1 GG für die durch das Grundgesetz errichtete Ordnung zum Ausdruck bringen: der Satz von der Menschenwürde als Staatsfundamtentalnorm[59], als Grundlage eines Wertsystems[60], als oberstes Konstitutionsprizip[61] etc.

Doch enthalten diese Begriffe keine konkreten Aussagen zum Inhalt der Menschenwürde, vielmehr kennzeichnen sie deren Bedeutung für die Staats- und Rechtsordnung und weisen auf den Zusammenhang von Menschenwürde und Einzelgrundrechten hin.

Die besondere Schwierigkeit, aus Art. 1 Abs. 1 GG das 'Menschenbild des Grundgesetzes' herauszulesen, besteht darin, daß der Wortlaut von Art. 1 Abs. 1 GG für sich genommen keine eindeutige Auskunft über den Inhalt dieser Vorschrift gibt. "Würde" ist kein primär juristischer, sondern in erster Linie ein philosophischer Begriff. Dies hat zur Folge, daß man sogleich von einer juristischen auf eine philosophische Argumentationsebene wechseln muß, wenn man es unternimmt, Art. 1 Abs. 1 GG losgelöst von anderen verfassungsrechtlichen Bestimmungen auf ein ihm zugrunde liegendes Menschenbild hin zu untersuchen. Und dabei wird man sodann in der Philosophie mit durchaus unterschiedlichen Würdekonzepten konfrontiert.[62]

Versucht man deshalb, das verfassungsgerichtliche Menschenbild mit dem Verweis auf Art. 1 Abs. 1 GG als ein verfassungsrechtliches zu verifizieren, so wirkt dies ähnlich überzeugend wie das Bestreben, einen unbekannten Begriff durch Bezugnahme auf einen anderen, gleichfalls unbekannten Begriff zu erläutern.

Problematisch erscheint eine Begründung des Menschenbildes mit einem Verweis allein auf Art. 1 Abs. 1 GG zudem deshalb, weil Ausführungen zum Menschenbild zum Teil gerade dem Ziel dienen, den Begriff der Menschenwürde in Art. 1 Abs. 1 GG näher zu bestimmen. Besonders deutlich ist dieser Zusammenhang bei Wintrich, der die Frage nach dem Inhalt von Art. 1 Abs. 1 GG zu beantworten versucht über die Frage nach dem "Menschenbild, das dem

---

59 *Häberle*, Die Menschenwürde als Grundlage der staatlichen Gemeinschaft, in: Isensee/Kirchhof, Handbuch des Staatsrechts der Bundesrepublik Deutschland, Band I (Grundlagen von Staat und Verfassung), Rd. 56.

60 *Dürig*, in: Maunz/Dürig/Herzog/Scholz, Grundgesetz, Überschrift zu Rd. 1 ff.

61 *Wintrich*, Zur Problematik der Grundrechte, S. 10.

62 *von Mangoldt/Klein/Starck*, Das Bonner Grundgesetz, Art. 1 Abs. 1, Rd. 2 ff.; *Zippelius*, in: Bonner Kommentar (Drittbearbeitung), Art. 1 Abs. 1 u. 2, Rd. 2 ff.; *von Münch*, in: ders. (Hrsg.), Grundgesetz Kommentar, Art. 1, Rd. 11.

Artikel 1 zugrunde liegt und ihn geprägt hat."[63] Würde man nun aber versuchen, das Menschenbild zu rechtfertigen mit einer Bezugnahme auf Art. 1 Abs. 1 GG, wäre dies ein logischer Zirkelschluß.

2. *Die Objektformel*

Darüber hinaus läßt sich zeigen, daß die Konkretisierung der Menschenwürde, die in Literatur und Rechtsprechung ganz überwiegend auf Zustimmung gestoßen ist[64], eine deutliche Diskrepanz zur Menschenbildformel aufweist. Gemeint ist hier die sogenannte Objektformel.[65] "Es widerspricht der menschlichen Würde" - formuliert das Bundesverfassungsgericht in der Mikrozensus-Entscheidung - "den Menschen zum bloßen Objekt im Staat zu machen (...)."[66]

Gemeinsam ist den Formeln, daß in beiden die dialektische Spannung zwischen individueller Freiheit und Freiheitsbegrenzung durch den Staat lebendig ist. Für die Menschenbildformel wurde dies im vorangehenden Kapitel ausführlich dargelegt.[67] Bei der Objektformel findet sich die Antinomie in der Formulierung vom "bloßen" Objekt angelegt.[68] Die Diskrepanz beruht auf der unterschiedlichen Gewichtung der in beiden Formeln angelegten Gegenpole. Die Menschenbildformel lenkt durch ihren Einleitungssatz mit der Negation des "isolierten souveränen Individuums"[69] den Blick auf die Gebundenheit menschlicher Freiheit.[70] Demgegenüber betont die Objektformel durch ihre Umschreibung der Grenzen staatlicher Eingriffe in die persönliche Freiheit eine Perspektive, die das Augenmerk auf den Freiheitsraum des einzelnen lenkt. Während die Menschenbildformel die Absage an die prinzipiell unbegrenzte Freiheit des Menschen in den Vordergrund stellt, dominiert in der Objektformel der entgegengesetzte Aspekt - der einzelne Mensch darf seiner Freiheit nicht

---

63 *Wintrich*, Zur Problematik der Grundrechte, S. 6; vgl. auch *Benda*, "Die Würde des Menschen ist unantastbar", in: ARSP-Beiheft Nr. 22 (1985), S. 23 f.

64 *Häberle* (Die Menschenwürde als Grundlage der staatlichen Gemeinschaft, Rd. 8) spricht in bezug auf die Objektformel vom "Konzentrat" der langjährigen Rechtsprechung des Bundesverfassungsgerichts zur Menschenwürde. Vgl. weiterhin: *ders.*, Menschenwürde und Verfassung am Beispiel von Art. 2 Abs. 1 Verf. Griechenland 1975, in: Rechtstheorie 11 (1980), S. 389 (422); *Dürig*, in: *Maunz/Dürig/Herzog/Scholz*, Grundgesetz, Art. 1, Rd. 28; *von Münch*, in: ders., Grundgesetz Kommentar, Art. 1, Rd. 15.

65 Vgl. ausführlicher zur Objektformel 2. Teil A. IV. dieser Arbeit.

66 BVerfGE 27, 1 (7).

67 Vgl. 4. Teil B. dieser Arbeit.

68 Vgl. hierzu schon 2. Teil A. IV. dieser Arbeit.

69 BVerfGE 4, 7 (15).

70 Vgl. dazu 4. Teil B. II. dieser Arbeit.

vollständig entkleidet werden. Die Stoßrichtung der Objektformel ist nicht gegen einen schrankenlosen Individualismus, sondern gegen eine unbegrenzte Inanspruchnahme des Menschen gerichtet.

Ein Begründungsversuch der Menschenbildformel, der sich allein auf Art. 1 Abs. 1 GG stützt, überzeugt mithin nicht.

Damit ist freilich nicht gesagt, daß Art. 1 Abs. 1 GG für ein verfassungsrechtliches Menschenbild keine Rolle spielen würde. Wegen der herausragenden Bedeutung von Art. 1 Abs. 1 GG für die gesamte Verfassung, die durch Art. 79 Abs. 3 GG betont wird, muß ohne Zweifel ein - wie auch immer geartetes - 'Menschenbild des Grundgesetzes' mit Art. 1 Abs. 1 GG "zusammenstimmen". Doch scheint der Versuch, das 'Menschenbild des Grundgesetzes' aus einer Zusammenschau verschiedener verfassungsrechtlicher Bestimmungen zu gewinnen, erfolgversprechender, als isoliert aus Art. 1 Abs. 1 GG ein Bild des Menschen herausfiltern zu wollen.[71]

II. Begründungsversuch aus einer Zusammenschau verschiedener Grundgesetzartikel

1. Die Begründung des Bundesverfassungsgerichts

Diesen Weg beschreitet das Bundesverfassungsgericht in der Investitionshilfe-Entscheidung, in der es die Formel von der Gemeinschaftsbezogenheit und Gemeinschaftsgebundenheit des einzelnen durch den Verweis auf Art. 1, 2, 12, 14, 15, 19 und 20 GG zu begründen versucht.[72]

---

[71] Vgl. hierzu *Suhr*, Entfaltung der Menschen durch die Menschen, S. 75 (Hervorhebungen im Original): "Indem das Grundgesetz kraft Art. 1 Abs. 1 den Menschen in den Mittelpunkt stellt, rückt das *Menschenbild*, das dabei vorausgesetzt wird, in eine Schlüsselrolle für die Verfassungsauslegung im allgemeinen und für die Grundrechtsinterpretation im besondern ein. Ob danach bereits festgestellt werden kann, die leitende Kraft der Menschenwürde verpflichte die verfassungsrechtliche Ordnung auf ein *bestimmtes* Menschenbild, mag noch zweifelhaft sein; nicht mehr zweifelhaft aber ist, daß Art. 1 Abs. 1 die verfassungsmäßige Ordnung auf *ein* Menschenbild verpflichtet, und zwar auf ein Menschenbild, das - entsprechend dem korrelativen Verhältnis zwischen Art. 1 Abs. 1 und den übrigen Verfassungsbestimmungen - einen großen Teil seiner Züge und seiner Offenheit wiederum aus den Art. 2 bis 19 bezieht."

[72] BVerfGE 4, 7 (15 f.).

a) Unklarheiten in der Argumentation des Bundesverfassungsgerichts

Noch ehe man überprüft, inwieweit diese Begründung die Behauptung stützt, daß die Menschenbildformel das 'Menschenbild des Grundgesetzes' beschreibt, wirft die Argumentation des Bundesverfassungsgerichts zwei Fragen auf.

Zum einen fehlt in der Begründung des Verfassungsgerichts ein Hinweis darauf, warum gerade die von ihm zitierten Grundrechtsbestimmungen Aufschluß über das verfassungsrechtliche Menschenbild geben. Das Bundesverfassungsgericht spricht davon, daß sich "insbesondere" aus Art. 1, 2, 12, 14, 15, 19 und 20 GG das 'Menschenbild des Grundgesetzes' ergebe.[73] Warum dies so ist und warum beispielsweise Art. 3 Abs. 1 GG[74], Art. 4 Abs. 1 GG oder Art. 5 Abs. 1 GG nicht mit herangezogen werden, um das 'Menschenbild des Grundgesetzes' an Verfassungsnormen festzumachen, läßt sich den Ausführungen des Gerichts nicht entnehmen. Seiner Argumentation liegt mit anderen Worten die nicht näher erläuterte Wertung zugrunde, daß die von ihm zitierten Grundgesetzbestimmungen für die Ermittlung des verfassungsgerichtlichen Menschenbildes besonders relevant sind. Mit der fehlenden Begründung für die Auswahl der Grundgesetzartikel fehlt in dem Gedankengang des Verfassungsgerichts jedoch Entscheidendes. Denn je nach dem, welche Teile der Verfassung man in Sachen Menschenbild als besonders aussagekräftig ansieht, gelangt man zu vollkommen unterschiedlichen Menschenbildern.

Zum anderen fällt auf, daß das Verfassungsgericht keine besondere Mühe darauf verwendet, die verfassungsrechtlichen Bestimmungen exakt zu benennen, denen seiner Ansicht nach das 'Menschenbild des Grundgesetzes' zu entnehmen ist. Das Verfassungsgericht spricht in seiner Aufzählung beispielsweise von Art. 12 GG, doch wird es damit kaum Art. 12 Abs. 1 GG gemeint haben; denn es wäre sonderbar, ein Menschenbild aus einem Grundgesetzartikel abzuleiten, der eine Rechtsposition allein für Deutsche normiert. Art. 19 Abs. 3 GG, der Aussagen über die Grundrechtsfähigkeit juristischer Personen trifft, dürfte für das verfassungsgerichtliche Menschenbild gleichfalls keine Rolle spielen.

Will man sich Klarheit darüber verschaffen, welche Teile der angeführten Grundgesetzartikel dem Verfassungsgericht besonders aussagekräftig erscheinen, um das verfassungsgerichtliche Menschenbild abzusichern, so ist daran zu

---

73 BVerfGE 4, 7 (15 f.).

74 Vgl. etwa *Häberle*, Das Menschenbild im Verfassungsstaat, S. 75 (Hervorhebungen im Original): "Andererseits hat der Verfassungsgeber es (das Menschenbild) 'in' einzelnen GG-Artikeln *rezipiert* und *positiviert*, etwa in Art. 1 und 3, 20 und 28."

erinnern, daß den Kern dieses Menschenbildes die Gemeinschaftsbezogenheit und Gemeinschaftsgebundenheit des Menschen ausmachen. Vergegenwärtigt man sich dies, so liegt die Vermutung nahe, daß die Karlsruher Richter für die Begründung ihres Menschenbildes auf die Passagen in den aufgelisteten Verfassungsbestimmungen rekurrieren, die die Grenzen[75] bzw. die Begrenzbarkeit[76] individueller Freiheit oder Pflichten des Menschen gegenüber dem Gemeinwesen[77] zum Ausdruck bringen.

Die Aufzählung der Grundgesetzartikel in der Menschenbildformel kann deshalb dahingehend präzisiert werden, daß die Gemeinschaftsbezogenheit und Gemeinschaftsgebundenheit des Menschen durch Art. 1 Abs. 1-3, Art. 2 Abs. 1, Art. 12, Abs. 2, Art. 14 Abs. 2 und 3, Art. 15, Art. 19 Abs. 1 sowie das Sozialstaatsgebot in Art. 20 Abs. 1 GG dokumentiert werden soll.

b) Einwände gegen die Begründung des Bundesverfassungsgerichts

Zuzugeben ist den Karlsruher Richtern, daß das Grundgesetz neben Freiheitsgewährleistungen Normen enthält, welche die individuelle Freiheit einschränken, einschränkbar machen oder dem einzelnen Pflichten auferlegen.[78] Doch mit dem Hinweis darauf, daß im Grundgesetz nicht nur die Freiheit des einzelnen verbürgt wird, sondern auch die Grenzen der Freiheit sowie - in frei-

---

75 Art. 2 Abs. 1 GG: Jeder hat das Recht auf freie Entfaltung seiner Persönlichkeit, *soweit er nicht die Rechte anderer verletzt* und nicht gegen die verfassungsmäßige Ordnung oder das Sittengesetz verstößt. (Hervorhebung nicht im Original.)

76 Art. 15 Satz 1 GG: Grund und Boden, Naturschätze und Produktionsmittel können zum Zwecke der Vergesellschaftung durch ein Gesetz, das Art und Ausmaß der Entschädigung regelt, in Gemeineigentum oder in andere Formen der Gemeinwirtschaft überführt werden. Art. 19 Abs. 1 GG: Soweit nach diesem Grundgesetz ein Grundrecht durch Gesetz oder auf Grund eines Gesetzes eingeschränkt werden kann, muß das Gesetz allgemein und nicht nur für den Einzelfall gelten. Außerdem muß das Gesetz das Grundrecht unter Angabe des Artikels nennen.

77 Art. 12 Abs. 2 GG: Niemand darf zu einer bestimmten Arbeit gezwungen werden, außer im Rahmen einer herkömmlichen allgemeinen, für alle gleichen öffentlichen Dienstleistungspflicht. Art. 14 Abs. 2 GG: Eigentum verpflichtet. Sein Gebdrauch soll zugleich dem Wohle der Allgemeinheit dienen. Art. 14 Abs. 3 GG: Eine Enteignung ist nur zum Wohle der Allgemeinheit zulässig. Sie darf nur durch Gesetz oder auf Grund eines Gesetzes erfolgen, das Art und Ausmaß der Entschädigung regelt. Die Entschädigung ist unter gerechter Abwägung der Interessen der Allgemeinheit und der Beteiligten zu bestimmen. Wegen der Höhe der Entschädigung steht im Streitfalle der Rechtsweg vor den ordentlichen Gerichten offen.

78 Vgl. generell zum Problemkreis verfassungsrechtlicher Grundpflichten die Referate von *Götz/Hofmann* auf der Konstanzer Staatsrechtslehrertagung, VVDStRL 41 (1983) sowie *Luchterhandt*, Grundpflichten als Verfassungsproblem in Deutschland.

lich sehr bescheidenem Umfang - eine Pflichtenstellung des einzelnen gegenüber der Gemeinschaft im Verfassungstext normiert sind[79], ist nicht schlüssig dargetan, daß die verfassungsgerichtliche Menschenbildformel mit dem 'Menschenbild des Grundgesetzes' identisch ist. Zu führen wäre vielmehr der Nachweis, daß dem Grundgesetz ein Menschenbild zugrunde liegt, in dem die Freiheit des Menschen von der Begrenzung individueller Freiheit prinzipiert wird, in dem die Beschränktheit und Beschränkbarkeit menschlicher Freiheit in den Vordergrund gerückt ist, da genau diese Gewichtsverteilung den Kern des verfassungsgerichtlichen Menschenbildes bildet.[80] Einem derartigen Beweis widersetzt sich jedoch das Grundgesetz, und zwar deshalb, weil es entscheidend von dem Verfassungsprinzip der Freiheit geprägt ist.[81]

aa) Der Vorbehalt des Gesetzes

Die fundamentale Bedeutung der Freiheit im Gefüge des Grundgesetzes, die Asymmetrie von Freiheit und Pflicht zugunsten der Freiheit, wie sie der Verfassung zugrunde liegt, läßt sich anhand des in Art. 20 Abs. 3 GG vorausgesetzten[82] Grundsatzes vom Vorbehalt des Gesetzes illustrieren. Dieser Grundsatz, demgemäß (zumindest) Eingriffe in Freiheit und Eigentum[83] des Bürgers durch den Staat einer Rechtfertigung in Form eines förmlichen, parlamentarischen Gesetzes bedürfen, beruht auf der Annahme, daß die Freiheit des einzelnen die nicht rechtfertigungsbedürftige Urgegebenheit darstellt, die das Verhältnis Bürger-Staat bestimmt. Aus der Perspektive des Bürgers gilt nach dem Grundgesetz: "Was nicht ausdrücklich verboten ist, das ist erlaubt."[84]

---

79 Genau dies (und nur dies) belegen die vom Bundesverfassungsgericht in der Menschenbildformel angeführten Grundgesetzbestimmungen.

80 Vgl. 4. Teil B. II. dieser Arbeit.

81 Vgl. hierzu grundsätzlich *Hofmann*, Das Verfassungsprinzip der Freiheit, Gedächtnisschrift Küchenhoff, S. 231 ff.; *ders*., Grundpflichten als verfassungsrechtliche Dimension, VVDStRL 41 (1983), S. 42 (49 ff.).

82 *Hesse*, Grundzüge des Verfassungsrechts der Bundesrepublik Deutchland, Rd. 201.

83 Insoweit ist der Gehalt des Gesetzesvorbehaltes unstreitig. Zur Frage, ob der Vorbehalt des Gesetzes auch im Bereich der Leistungsverwaltung gilt, vgl. *Maurer*, Allgemeines Verwaltungsrecht, § 6 III m.w.N.

84 Vgl. *Wahl/Masing*, Schutz durch Eingriff, in: JZ 1990, S. 553 (556).

Dem Prinzip vom Vorbehalt des Gesetzes ist zu entnehmen, daß zwischen Freiheitsgewährleistung und Freiheitsbegrenzung ein "Regel-Ausnahmeverhältnis"[85] besteht.[86]

Genau dies ist auch die wesentliche Aussage, des von Carl Schmitt formulierten Verteilungsprinzips, wonach die Freiheitssphäre des einzelnen prinzipiell unbegrenzt, die Eingriffsmöglichkeit des Staates hingegen prinzipiell begrenzt, meßbar und kontrollierbar sei.[87] Insoweit kann davon gesprochen werden, daß das Schmittsche Verteilungsprinzip das Verhältnis von Freiheitsgewährleistung und Freiheitsbegrenzung nach dem Grundgesetz zutreffend umschreibt.[88]

Vergegenwärtigt man sich, daß das Vorbild für die Menschenbildformel des Bundesverfassungsgerichts - Wintrichs Ausführungen zum Menschenbild in der Festschrift Laforet[89] - gerade auch eine Gegenposition zum Verteilungsprinzip von Schmitt bildeten, so wird auf diese Weise die Diskrepanz zwischen der Menschenbildformel des Bundesverfassungsgerichts und der Konzeption des

---

85 *Maihofer*, Rechtsstaat und menschliche Würde, S. 126 ff.

86 Vgl. *Schneider*, In dubio pro libertate, in: Hundert Jahre deutsches Rechtsleben, Festschrift deutscher Juristentag, Band II, Karlsruhe 1960, S. 263 (280): "Eines steht auf alle Fälle fest; das Grundverhältnis zwischen Freiheit und freiheitsbeschränkendem Gesetz ist durch die 'Präponderanz' der Freiheit gekennzeichnet. Auch der gesetzgeberische Eingriff bedarf der besonderen Begründung und Rechtfertigung, weil die Ausgangsvermutung zugunsten des einzelnen Menschen dafür spricht, daß dieser sich aller Wahrscheinlichkeit nach 'rechtmäßig' verhalten und in zureichender Weise für sich selbst sorgen werde."

87 *Schmitt*, Verfassungslehre, S. 126 f., 164 ff. So zutreffend auch *Schlink*, Freiheit durch Eingriffsabwehr - Rekonstruktion der klassischen Grundrechtsfunktion, in: EuGRZ 1984, S. 457 (467); vgl. auch *Hofmann*, Das Verfassungsprinzip Freiheit, in: Gedächtnisschrift Küchenhoff, S. 231 (239 f.).

88 Vgl. aber mit kritischem Unterton *Isensee*, Die verdrängten Grundpflichten des Bürgers, in: JZ 1982, 609 (613) (Hervorhebung nicht im Original): "*In der Interpretation* des Grundgesetzes entwickelt sich das rechtsstaatliche Verteilungsprinzip zu letzter Konsequenz: in der Ausdehnung des Vorbehalts des Gesetzes über den Bereich der staatlichen Eingriffe hinaus auf den der Leistungen und in der Effektuierung der liberalen Grundrechte. Das Grundrecht des Art. 2 Abs. 1 GG bildet sich in der herrschenden Auslegung, entgegen seinem Wortlaut, geradezu zum Abbild dieses formal-rechtsstaatlichen Prinzips aus: Dem Freiheitsblankett der allgemeinen Handlungsfreiheit (...) steht das globale gesetzliche Eingriffsblankett der 'verfassungsmäßigen Ordnung' gegenüber, in dem die 'Rechte anderer', die der Text als weitere Grundrechtsschranke nennt, aufgehen. Für das 'Sittengesetz' aber, dem Wortlaut des Art. 2 Abs. 1 GG nach die dritte Grenze des Freiheitsrechts, ist kein Platz in diesem Interpretationskonzept (...). Die ethische Kategorie, also die freiheitsdeterminierende sittliche Pflicht, wird unter den Teppich des rechtsstaatlichen Verteilungsprinzips gekehrt."

89 *Wintrich*, Über Eigenart und Methode verfassungsgerichtlicher Rechtsprechung, in: Festschrift Laforet, S. 227 (235 f.).

Grundgesetzes, dem ein "kategorischer Satz über die Freiheit des Menschen" zugrunde liegt[90], deutlich und die Wurzel für diese Diskrepanz erkennbar.

Dieses Regel-Ausnahmeverhältnis zwischen Freiheit und Freiheitsbegrenzung bildet sich auch in den Grundrechten ab. Die Grundrechte sind nicht nach dem Muster konzipiert, daß vor dem Hintergrund prinzipiell bestehender Unfreiheit oder Pflichtgebundenheit des Menschen einige Nischen geschaffen werden, in denen die grundsätzliche Gebundenheit des Menschen aufgehoben ist. Vielmehr verhält es sich genau umgekehrt: Die Grundrechte schützen zunächst - häufig bildet dies den ausschließlichen Inhalt ihres ersten Absatzes (vgl. Art. 5, 8, 9, 10, 11, 12 GG) - einen Bereich individueller Freiheit, und erst in einem zweiten Schritt ist von Grenzen bzw. der Begrenzbarkeit der jeweiligen Freiheit die Rede.

bb) Der gemäßigte Individualismus des Grundgesetzes[91]

Um den Unterschied zwischen dem Verhältnis von Freiheit und Freiheitsbegrenzung nach dem Grundgesetz, das die Züge eines gemäßigten Individualismus trägt, und der Balance zwischen Freiheit und Freiheitsbegrenzung in der Menschenbildformel des Bundesverfassungsgerichts, in der die Gemeinschaftsgebundenheit des Menschen akzentuiert ist, zu verdeutlichen, erweist sich ein Blick auf die Ausgestaltung des Rechtsstaats- sowie des Sozialstaatsprinzips im Bonner Grundgesetz als aufschlußreich. Das Rechtsstaatsprinzip als Errungenschaft der bürgerlich-liberalen Verfassungsbewegung des 19. Jahrhunderts steht insoweit für eher individualistische Züge des Grundgesetzes, während im Sozialstaatsprinzip die Gemeinschaftsgebundenheit des einzelnen zum Ausdruck kommt.

Hans Peter Ipsen führte zur Ausprägung rechtsstaatlicher sowie sozialstaatlicher Elemente im Grundgesetz im Vergleich zur Weimarer Reichsverfassung 1949 aus:

"Das Staatsgebilde des Grundgesetzes ist - Art. 20, 28 - ein sozialer Rechtsstaat. In der Ausgestaltung dieser Staatszielbestimmung unterscheidet sich das

---

[90] *Hofmann*, Grundpflichten als verfassungsrechtliche Dimension, in: Grundpflichten als verfassungsrechtliche Dimension, VVDStRL 41 (1983), S. 42 (56).

[91] Vgl. zum folgenden *Hofmann*, Das Verfassungsprinzip der Freiheit, in: Gedächtnisschrift Küchenhoff, S. 231 (237 ff.); *ders.*, Grundpflichten als verfassungsrechtliche Dimension, in: Grundpflichten als verfassungsrechtliche Dimension, VVDStRL 41 (1983), S. 42 (49 ff.).

Grundgesetz zweifach von der Weimarer Verfassung: in seiner Rechtsstaatlichkeit überhöht es die denkbaren Verfassungsgewährleistungen für die Stellung und den Schutz des einzelnen bis zum vorstellbaren Maximum und in einer Intensität, die die Weimarer Verfassung weit hinter sich läßt. In seiner Sozialität, seinem Bekenntnis zu einer Sozialverfassung, genügt es sich im proklamierten Verfassungsgrundsatz ohne Aktualisierung und bleibt es seinerseits hinter der Weimarer Verfassung selbst dann zurück, wenn der sehr unterschiedliche Rechts- und Realwert mancher Weimarer Grundrechtsvorschriften in Rechnung gestellt bleibt."[92]

Nimmt man zu diesem Befund noch hinzu, daß das Grundgesetz (im Gegensatz etwa zur Weimarer Reichsverfassung) mit dem Grundrechtskatalog beginnt[93], so wird deutlich, daß die liberal-rechtsstaatlichen Elemente weit stärker im Grundgesetz ausgeprägt sind als die sozial-staatlichen Aspekte, oder daß, anders ausgedrückt, die Freiheit gegenüber der Gemeinschaftsgebundenheit dominiert.[94]

Möglicherweise war das Bundesverfassungsgericht bestrebt, den (beschränkten) Individualismus, dem das Bonner Grundgesetz "in einer auffälligen, ja geradezu befremdlichen Weise"[95] huldigt, durch ein Menschenbild zu korrigieren, das gegenüber der Freiheit des einzelnen stärker dessen Gemeinschaftsbindung betont.[96]

Doch ein derartiges Menschenbild kann nicht als ein 'Menschenbild des Grundgesetzes' bezeichnet werden, da sich in ihm die grundsätzliche Wertung

---

92 *Ipsen*, Über das Grundgesetz, S. 14 f.

93 Der zweite Hauptteil der Weimarer Verfassung war im übrigen mit dem Titel "Grundrechte und *Grundpflichten* der Deutschen" überschrieben.

94 *Hofmann*, Das Verfassungsprinzip der Freiheit, in: Gedächtnisschrift Küchenhoff, S. 231 (238); vgl. auch *Böckenförde*, Diskussionsbeitrag, in: VVDStRL 41 (1983), S. 114 (115-117); *Höfling*, Offene Grundrechtsinterpretation, S. 114 f.; a.A. *Ossenbühl*, Probleme und Wege der Verfassungsauslegung, in: DÖV 1965, S. 649 (658): Ossenbühl problematisiert in diesem Aufsatz unter anderem den Grundatz "in dubio pro libertate" als Auslegungsrichtlinie für das Grundgesetz. Er verneint die Gültigkeit dieser Auslegungsmaxime mit der These, daß das Grundgesetz im Spannungsverhältnis Bürger-Gemeinschaft die Gemeinschaftsbezogenheit akzentuieren würde. Interessanterweise versucht er, diese These just mit einem Verweis auf die Menschenbildformel aus dem Investitionshilfe-Urteil zu belegen. Zustimmung verdient Ossenbühl in dem Punkte, daß die Menschenbildformel die Bindung des Menschen betont. Doch kann Ossenbühl nicht dahingehend gefolgt werden, daß die Menschenbildformel damit das Verhältnis von Freiheit und Bindung, wie es vom Grundgesetz konzipiert wird, zutreffend widerspiegelt.

95 *Hofmann*, Das Verfassungsprinzip der Freiheit, in: Gedächtnisschrift Küchenhoff, S. 231 (237).

96 Vgl. in diesem Zusammenhang *Krüger*, Verfassungsvoraussetzungen und Verfassungserwartungen, in: Festschrift Scheuner, S. 285 (301).

des Grundgesetzes über das Verhältnis von Freiheit und Gebundenheit gerade nicht widerspiegelt.

Auf dieser Ebene, auf der es um die Frage geht, ob das Grundgesetz ein Bild vom Menschen in der Form normativ verfaßt, wie es vom Bundesverfassungsgericht in seiner Menschenbildformel entworfen wird, erweist sich die Menschenbildformel als eine Rechtsschöpfung des höchsten deutschen Gerichts, die nicht auf die Verassung gestützt werden kann.

Damit ist jedoch nicht gesagt, daß das Grundgesetz nicht im Blick auf einen Menschen konzipiert ist, den gegenüber der Gemeinschaft und dem Staat in erheblichem Umfang Pflichten treffen. Ein freiheitlicher demokratischer Rechtsstaat, wie ihn das Grundgesetz verfaßt, kann auf Dauer nur bestehen, wenn der einzelne in diesem Staat neben den Freiheiten, die er für sich in Anspruch nimmt, auch Pflichten gegenüber dem Gemeinwesen anerkennt und sich in gewissem Umfang für die Gemeinschaft in den Dienst nehmen läßt. Doch diese "Pflichtenstellung" des einzelnen ist keine vom Grundgesetz *normativ* verfaßte, wie es die Menschenbildformel suggeriert. Die vorstehend formulierte Kritik an der Menschenbildformel bezieht sich darauf, daß das Bundesverfassungsgericht unter Berufung auf ein 'Menschenbild des Grundgesetzes' das Leitbild des gemeinschaftsbezogenen und gemeinschaftsgebundenen, des der Gemeinschaft vielfältig verpflichteten[97] Bürgers für rechtlich verbindlich erklärt.[98]

Die von der Menschenbildformel umschriebene Stellung des einzelnen gegenüber der Gemeinschaft ist auf einer anderen Ebene anzusiedeln, sie ließe sich in die Kategorie der "Verfassungserwartung" einordnen.[99] Das Verfassungsprinzip der Freiheit, das die Verfassung der Bundesrepublik Deutschland entscheidend prägt, hat zum Inhalt, die Möglichkeit der Freiheitsbetätigung des einzelnen zu schützen.[100] Die Grundrechtsgewährleistungen enthalten unmittel-

---

97 Vgl. BVerfGE 12, 45 (51); 28, 175 (189); 33 1 (10 f.). Auf den Pflichtenaspekt des verfassungsgerichtlichen Menschenbildes weisen auch *Höfling* (Offene Grundrechtsinterpretation, S. 113) sowie *Hofmann* (Grundpflichten als verfassungsrechtliche Dimension, VVDStRL 41 (1983), S. 42 (46)) und *Häberle* (Das Menschenbild im Verfassungsstaat, S. 46 f.) hin.

98 Vgl. hierzu auch die Ausführungen von *Krüger*, Verfassungsvoraussetzungen und Verfassungserwartungen, in: Festschrift Scheuner, S. 285 (301).

99 Vgl. grundlegend hierzu *Krüger*, Verfassungsvoraussetzungen und Verfassungserwartungen, in: Festschrift Scheuner, S. 285-306; *Isensee*, Grundrechtsvoraussetzungen und Verfassungserwartungen an die Grundrechtsausübung, in: ders/Kirchhof, Handbuch des Staatsrechts der Bundesrepublik Deutschland, Band V (Allgemeine Grundrechtslehren), Heidelberg 1992, S. 353-484.

100 Dies kommt in der Abwehrfunktion der Grundrechte, dem status negativus zum Ausdruck.

bar keine Vorgabe für die tatsächliche Ausübung grundrechtlicher Freiheit. In dieser Konzeption des Freiheitsbegriffs wird deutlich, daß die Verfassung auf die Fähigkeit und Bereitschaft des einzelnen setzt, "daß er die grundrechtlich ausgegrenzte, negative Freiheit mit Urteilskraft und Tatkraft positiv ausfüllt, daß er von sich aus seine gemeindienliche Aufgabe in seiner Lebenswelt erkennt und ergreift."[101] Dieser Gedanke ist fundamental für die vom Grundgesetz errichtete freiheitliche Ordnung. Er macht deutlich, daß die Menschenbildformel mit ihrer Betonung der Begrenzung bzw. Begrenztheit individueller Freiheit und mehr noch in der bisweilen anklingenden Pflichtenstellung des einzelnen gegenüber der Gemeinschaft einerseits ein wichtiges Element einer freiheitlich demokratischen Grundordnung benennt. Doch steht die Menschenbildformel des Bundesverfassungsgerichts dadurch, daß sie die (bloße) Verfassungserwartung in die Gestalt normativer Verbindlichkeit kleidet, in Widerspruch zum Verfassungsprinzip der Freiheit.[102]

---

[101] *Isensee*, Grundrechtsvoraussetzungen und Verfassungserwartungen an die Grundrechtsausübung, in: ders./Kirchhof, Handbuch des Staatsrechts der Bundesrepublik Deutschland, Band V (Allgemeine Grundrechtslehren), Heidelberg 1992, S. 353; Isensee spricht insoweit vom "Urvertrauen der Verfassung in den Bürger".

[102] Vgl. *Isensee*, Grundrechtsvoraussetzungen und Verfassungserwartungen an die Grundrechtsausübung, in: ders/Kirchhof, Handbuch des Staatsrechts der Bundesrepublik Deutschland, Band V (Allgemeine Grundrechtslehren), Heidelberg 1992, S. 436 ff.; ähnlich wie hier *Höfling*, Offene Grundrechtsinterpretation, S. 113, der freilich hinsichtlich des verfassungsgerichtlichen Menschenbildes nicht von einer Verfassungserwartung spricht. Er deutet das hier thematisierte Argumentationsmuster als eine "Mutation des Faktischen ins Normative".

Fünfter Teil

Das Menschenbild als Mittel der Verfassungsinterpretation

A. Die freiheitsbegrenzende und freiheitssichernde Funktion: Das Menschenbild als Element der Schranken- und Schutzbereichsbestimmung von Grundrechten

I. Freiheitsbegrenzung und Menschenbild

1. Das Menschenbild als Schranke einzelner Grundrechte

a) Die allgemeine Handlungsfreiheit aus Art. 2 Abs. 1 GG

aa) Überblick über die Verwendung des Menschenbildes im Rahmen der Schrankendiskussion der allgemeinen Handlungsfreiheit

(1) Die Investitionshilfe-Entscheidung

In der Investitionshilfe-Entscheidung hatte das Bundesverfassungsgericht die Frage zu entscheiden, ob die durch das Investitionshilfe-Gesetz bestimmten Unternehmern auferlegte Investitionshilfeabgabe gegen das Grundrecht auf freie Entfaltung der Persönlichkeit verstoße.

Hierzu führte das Gericht aus:

"Sieht man in Art. 2 Abs. 1 GG nur den Schutz eines Mindestmaßes menschlicher Handlungsfreiheit, ohne das der Mensch seine Wesensanlage als geistig-sittliche Person überhaupt nicht entfalten kann, so ragt das Investitionshilfegesetz in diesen Bereich nicht hinein, denn die eigenverantwortliche freie Unternehmerpersönlichkeit wird durch das Investitionshilfegesetz nicht berührt.

Erblickt man weitergehend in diesem Grundrecht eine umfassende Gewährleistung der Handlungsfreiheit, so besteht diese von vornherein nur, soweit sie nicht die Rechte anderer verletzt und nicht gegen die verfassungsmäßige Ordnung oder das Sittengesetz verstößt. Das Menschenbild des Grundgesetzes ist nicht das eines isolierten souveränen Individuums; das Grundgesetz hat vielmehr die Spannung Individuum - Gemeinschaft im Sinne der Gemeinschaftsbezogenheit und Gemeinschaftsgebundenheit der Person entschieden, ohne dabei deren Eigenwert anzutasten. (...) Dies heißt aber: der Einzelne muß sich diejenigen Schranken seiner Handlungsfreiheit gefallen lassen, die der Gesetzgeber zur Pflege und Förderung des sozialen Zusammenlebens in den Grenzen des bei dem gegebenen Sachverhalt allgemein Zumutbaren zieht, vorausgesetzt, daß dabei die Eigenständigkeit der Person gewahrt bleibt. In diesem Rahmen hält sich das Investitionshilfegesetz."[1]

Zum damaligen Zeitpunkt hatte sich das Gericht noch nicht zur Schutzbereichs- und Schrankensystematik des Art. 2 Abs. 1 GG geäußert; insbesondere war von den Karlsruher Richtern noch nicht entschieden worden, ob diese Verfassungsbestimmung lediglich dem Schutz eines Kernbereichs menschlicher Persönlichkeit zu dienen bestimmt ist[2] oder ob Art. 2 Abs. 1 GG die allgemeine Handlungsfreiheit gewährleistet.

Eine Entscheidung dieser Frage hielt das Gericht in der Investitionshilfe-Entscheidung nicht für notwendig, da nach beiden Sichtweisen ein Verstoß gegen Art. 2 Abs. 1 GG ausscheide. Folge man der Persönlichkeitskerntheorie, sei durch die Investitionshilfeabgabe der Schutzbereich von Art. 2 Abs. 1 GG nicht berührt.[3] Deute man Art. 2 Abs. 1 GG als Gewährleistung der allgemeinen Handlungsfreiheit, so sei der Eingriff durch die Schranken dieses Grundrechts gerechtfertigt.

In diesem Zusammenhang zitiert das Gericht zwar die Schrankentrias des Art. 2 Abs. 1 GG, doch subsumiert das Bundesverfassungsgericht keine der angegriffenen Regelungen des Investitionshilfegesetzes unter eine der drei Schranken.[4] Vielmehr folgen auf die Schrankentrias übergangslos die bekann-

---

1 BVerfGE 4, 7 (15 f.).

2 So die Persönlichkeitskerntheorie von Peters; vgl. *Peters*, Die freie Entfaltung der Persönlichkeit als Verfassungsziel, in: Festschrift Laun, S. 669-678; *ders.*, Das Recht auf freie Entfaltung der Persönlichkeit in der höchstrichterlichen Rechtsprechung, Köln/Opladen 1963.

3 BVerfGE 4, 7 (15).

ten Ausführungen des Bundesverfassungsgerichts zum 'Menschenbild des Grundgesetzes'. In welchem Verhältnis zueinander stehen dabei die Menschenbildformel und die Schrankentrias von Art. 2 Abs. 1 GG?

Die Menschenbildformel wird in der Entscheidung keiner der drei, dem Wortlaut des Art. 2 Abs. 1 unmittelbar zu entnehmenden Schranken, zugeordnet. Vielmehr erscheint sie als Erläuterung der Schrankentrias als solcher (nicht als Erläuterung einer einzelnen Schranke). Anders ausgedrückt bedeutet dies: Die Menschenbildformel ist zwar auf die Schrankentrias von Art. 2 Abs. 1 GG bezogen, doch umfaßt sie den, die drei Schranken von Art. 2 Abs. 1 GG umschließenden Grundgedanken für die Beschränkbarkeit der allgemeinen Handlungsfreiheit. Damit geht sie, trotz ihrer Bezogenheit auf die Schrankentrias, über deren einzelnen Elemente hinaus.

Es erweist sich mithin, daß das Gericht in der Investitionshilfe-Entscheidung mit seiner Menschenbildformel eine eigenständige vierte Schranke der allgemeinen Handlungsfreiheit formuliert hat: die Schranke der Gemeinschaftsgebundenheit.[5]

(2) Die Entwicklung nach dem Elfes-Urteil

Im Elfes-Urteil vom 16.1.1957 entschied das Bundesverfassungsgericht die in der Investitionshilfe-Entscheidung offengelassene Frage nach dem Schutzbereich von Art. 2 Abs. 1 GG in dem Sinne, daß die "freie Entfaltung der Persönlichkeit", von der die Grundgesetzbestimmung spricht, als Handlungsfreiheit im umfassenden Sinne aufzufassen sei.[6] Gleichzeitig definierte das Gericht die Schranke der "verfassungsmäßigen Ordnung" in Art. 2 Abs. 1 GG als "Gesamtheit der Normen die formell und materiell der Verfassung gemäß sind."[7]

---

4 Ein derartiges Vorgehen wäre auch zweifelhaft gewesen, da die Schrankenkonkretisierung wesentlich davon abhängt, ob der Schutzbereich weit oder eng gefaßt wird, und diese Entscheidung hatte das Verfassungsgericht ja gerade in der Investitionshilfe-Entscheidung offen gelassen. Freilich deutet das Gericht bereits seine Interpretation der "verfassungsmäßigen Ordnung" als Schranke der allgemeinen Handlungsfreiheit an (BVerfGE 4, 7 (16)), die sie dann im Elfes-Urteil auch kanonisiert hat (BVerfGE 6, 32 (37 ff.)). Doch das ausschlaggebende Argument in der Begründung des Gerichtes bildet in der Investitionshilfe-Entscheidung die Menschenbildformel.

5 So zutreffend *Häberle*, Das Menschenbild im Verfassungsstaat, S. 45.

6 BVerfGE 6, 32 (36 ff.).

7 So Leitsatz 3 von BVerfGE 6, 32 ff.

Auch nach der verfassungsgerichtlichen Klärung des Schutzbereichs von Art. 2 Abs. 1 und der Schranke der "verfassungsmäßigen Ordnung", tauchen Bezugnahmen auf die Menschenbildformel weiterhin im Rahmen der Schrankendiskussion der allgemeinen Handlungsfreiheit in den Urteilen des Bundesverfassungsgerichts auf.[8] Verschiedentlich dienen die menschenbildbezogenen Aussagen dabei einer Konkretisierung der Schranke der "verfassungsmäßigen Ordnung", teilweise in Verbindung mit der Definition dieser Schranke aus der Elfes-Entscheidung[9], teilweise ohne jeden Bezug hierauf.[10] Daneben finden sich Entscheidungen, in denen die Menschenbildformel zur Erläuterung der Schranke der "Rechte anderer"[11] oder überhaupt ohne ausdrücklichen Bezug zur Schrankentrias eingesetzt wird.[12]

Es sollte jedoch nicht verkannt werden, daß mit dem Elfes-Urteil und der dort geprägten Definition der Schranke der "verfassungsmäßigen Ordnung" die Formel gefunden ist, mit der das Bundesverfassungsgericht regelmäßig die verfassungsrechtliche Rechtfertigung von Eingriffen in die allgemeine Handlungsfreiheit prüft.

Für die Prüfung bedurfte es mithin keines Rückgriffs auf die Menschenbildformel mehr. Folgerichtig findet ein derartiger Rekurs seit dem Elfes-Urteil auch nicht mehr in größerem Umfang statt.[13]

bb) Gründe für die Verwendung des Menschenbildes als Schranke der allgemeinen Handlungsfreiheit: Art. 2 Abs. 1 GG als Freiheitsrechtsleitsatz

Liest man in der staatsrechtlichen Literatur, daß das dem Recht zugrunde zu legende Menschenbild verfassungsrechtlich in dem Satz von der Unantastbarkeit der Menschenwürde zu suchen sei[14], oder, daß der Begriff vom 'Menschenbild des Grundgesetzes' zwar zunächst in der Judikatur des Bundesverfassungsgerichts nur bei der Behandlung des Art. 2 Abs. 1 GG verwendet wurde, im

---

[8] Vgl. BVerfGE 8, 274 (328 f.) (Preisbindung); 19, 93 (96); 38, 105 (115); 50, 256 (262); 56, 37 (49) (Selbstbezichtigung).
[9] So in BVerfGE 50, 256 (262).
[10] BVerfGE 19, 93 (96); vgl. auch BVerfGE 8, 274 (328) (Preisbindung).
[11] BVerfGE 56, 37 (49) (Selbstbezichtigung).
[12] BVerfGE 38, 105 (115).
[13] Vgl. die im 5. Teil, Fußnote 8, genannten Entscheidungen.
[14] *Benda*, "Die Würde des Menschen ist unanstastbar", in: ARSP-Beiheft Nr. 22 (1985), S. 23.

Grunde aber der Schwerpunkt dieses Begriffs in Art. 1 Abs. 1 GG liege[15], so mag dies den Anschein erwecken, als beruhe die Affinität zwischen Menschenbild und Art. 2 Abs. 1, wie sie vor allem in den ersten Jahren der Menschenbildrechtsprechung zu beobachten ist, eher auf einem Zufall denn auf sachlichen Gründen. Diesen Stimmen aus der Literatur soll nicht widersprochen werden hinsichtlich der Bedeutung, die Art. 1 Abs. 1 GG für das 'Menschenbild des Grundgesetzes' zukommt.[16] Es mag allerdings angezeigt sein, einen wesentlichen Zusammenhang zwischen dem verfassungsgerichtlichen Menschenbild und der Rechtsprechung zu Art. 2 Abs. 1 GG aufzuzeigen, der die enge Verbindung zwischen dem Menschenbild und Art. 2 Abs. 1 GG erhellt und die Entwicklung der Menschenbildrechtsprechung in Anbindung an Art. 2 Abs. 1 GG wenig zufällig erscheinen läßt.

Um die besondere Nähe des verfassungsgerichtlichen Menschenbildes zu Art. 2 Abs. 1 GG zu erklären, sei an zwei unterschiedliche Deutungsversuche dieser Vorschrift erinnert, in denen zwei mögliche "Dimensionen" dieser Grundgesetznorm zum Ausdruck kommen.

Das Recht auf freie Entfaltung der Persönlichkeit wird zum einen als Grundrecht, als subjektiv öffentliches (Abwehr-) Recht des einzelnen verstanden, durch das die allgemeine Handlungfreiheit des Menschen geschützt wird.[17]

Neben dieser Sichtweise von Art. 2 Abs. 1 GG gab es bereits in den 50er Jahren Stimmen in der Literatur, die dieser Grundgesetzbestimmung eine andere Bedeutung beigemessen haben. Im Gegensatz zu den übrigen Grundrechten der Verfassung, die einen konkreten Freiheitsgebrauch schützen, treffe Art. 2 Abs. 1 GG eine generelle Aussage über den Freiheitsbegriff des Grundgesetzes.[18] Besonders pointiert wurde diese Auffassung von Friedrich Klein vertreten.

Klein verneint den Grundrechtscharakter von Art. 2 Abs. 1 GG.[19] Die Bedeutung dieser Vorschrift sieht er darin, daß sie die Grundaussage zur Ge-

---

15 *Stern*, Staatsrecht III/1, S. 31 f.

16 Vgl. 4. Teil C. I dieser Arbeit.

17 So die Rechtsprechung des Bundesverfassungsgerichts seit BVerfGE 6, 32 ff., die in der Literatur ganz überwiegend auf Zustimmung gestoßen ist; vgl. statt vieler *Dürig*, in: Maunz/Dürig/Herzog/Scholz, Grundgesetz, Art. 2 Abs. 1, Rd. 9; von *Mangold/Klein/Starck*, Das Bonner Grundgesetz, Art. 2 Abs. 1, Rd. 8 ff.

18 Vgl. *von Mangold/Klein/Starck*, Das Bonner Grundgesetz, Art. 2 Anm. III; *Naumann*, in: JZ 1951, S. 423 (426); *Redeker*, DÖV 1954, S. 109 (111).

19 *von Mangold/Klein/Starck*, Das Bonner Grundgesetz, Art. 2 Anm. III 5b).

stalt staatsbürgerlicher Freiheit, wie sie das Grundgesetz verfaßt[20], enthalte, Art. 2 Abs. 1 GG stellt in seinen Augen die Verfassungsnorm dar, deren Gehalt darin besteht, das Verhältnis von Staat und Individuum allgemein zu bestimmen und in die richtige Balance zu bringen.[21] Er spricht in bezug auf Art. 2 Abs. 1 GG vom Freiheitsrechtsleitsatz des Grundgesetzes, der gleichsam den Hintergrund abgibt für die Auslegung der "konkreten" Freiheitsverbürgungen der Verfassung[22] und kennzeichnet die Vorschrift als aktuell geltende Vorschrift des *objektiven* Verfassungsrechts.[23]

Der Kern der Menschenbildformel macht eine Positionsbestimmung der Person im Spannungsfeld zwischen Individualismus und Kollektivismus aus.[24] Vergegenwärtigt man sich dies, so ist es folgerichtig und wenig überraschend, daß die Menschenbildformel des Bundesverfassungsgerichts gerade in Verbindung mit der Auslegung von Art. 2 Abs. 1 GG in die Rechtsprechung des Bundesverfassungsgerichts Eingang gefunden hat. In der Menschenbildformel ist diese zweite, "objektiv-rechtliche" Bedeutung von Art. 2 Abs. 1 GG eingefangen, die insbesondere Klein herausgearbeitet hat. Mit dem 'Menschenbild des Grundgesetzes' aus der Investitionshilfe-Entscheidung wird die Aussage von Art. 2 Abs. 1 GG in eine Formel gegossen, die gemeint ist, wenn in der Literatur in bezug auf diese Grundgesetzbestimmung von einer "Generalklausel zur Lösung des latenten Spannungsverhältnisses zwischen Staat und Individuum" die Rede ist.[25] Hierin liegt der tiefere Zusammenhang zwischen Art. 2 Abs. 1 GG und dem 'Menschenbild des Grundgesetzes'.

---

[20] Vgl. hierzu auch *Hesse*, Grundzüge des Verfassungsrechts der Bundesrepublik Deutschland, Rd. 425: "Neben den bisher dargestellten konkret bestimmbaren und begrenzten Einzelfreiheiten gewährleistet Art. 2 Abs. 1 GG das Recht der freien Entfaltung der Persönlichkeit in den Schranken der Rechte anderer, der verfassungsmäßigen Ordnung und des Sittengesetzes. Die Garantie positiviert ein Grundprinzip der demokratischen und rechtsstaatlichen Ordnung des Grundgesetzes: sie zeigt, daß verfassungsrechtlich gewährleistete Freiheit rechtliche, d.h. begrenzte, aber in ihren Grenzen geschützte, nicht abstrakte und unbegrenzte "natürliche" Freiheit ist. Die Bestimmung ihres über diese allgemeine Bedeutung hinausgehenden konkreten Inhalts bereitet indessen Schwierigkeiten."

[21] *von Mangold/Klein/Starck*, Das Bonner Grundgesetz, Art. 2 Anm. III 5b).

[22] *von Mangold/Klein/Starck*, Das Bonner Grundgesetz, Art. 2 Anm. III 5b).

[23] *von Mangold/Klein/Starck*, Das Bonner Grundgesetz, Art. 2 Anm. III 5b).

[24] Vgl. 2. Teil dieser Arbeit.

[25] *Redeker*, Grenzen des allgemeinen staatlichen Inquisitionsrechts, in: DÖV 1954, S. 109 (111).

In diesem Zusammenhang sei auch nochmals an die Persönlichkeitskerntheorie von Hans Peters erinnert.[26] Wie oben erwähnt hatte sich das Bundesverfassungsgericht in der Elfes-Entscheidung gegen die Persönlichkeitskerntheorie entschieden. Doch schwingt in dem verfassungsgerichtlichen Menschenbild als allgemeiner Grundrechtsschranke eine Idee mit, die einem Element der Persönlichkeitskerntheorie nahesteht. Peters geht davon aus, daß Art. 2 Abs. 1 GG den anderen grundgesetzlichen Freiheitsgewährleistungen übergeordnet sei, daß die einzelnen Freiheitsrechte letztlich alle der freien Entfaltung der Persönlichkeit dienen.[27] Hieraus schließt er, und dies ist in diesem Zusammenhang interessant, "daß die in Art. 2 Abs. 1 GG aufgeführten Schranken ipso iure allen weitern Freiheitsrechten - auch denen, bei denen ein Gesetzesvorbehalt fehlt - immanent sind."[28]

Zwar hat das Bundesverfassungsgericht stets die Anwendbarkeit der Schranken des Art. 2 Abs. 1 GG auf andere Grundrechte verneint[29], doch findet sich der Gedanke von einer für alle Grundrechte geltende Schranke in der Menschenbildformel wieder.[30] Und das Verfassungsgericht entwickelt diesen Gedanken gerade auch im Kontext seiner Interpretation von Art. 2 Abs. 1 GG. Im Gegensatz zu Peters setzt das höchste deutsche Gericht die "allgemeine Grundrechtsschranke" jedoch nicht mit der Schrankentrias des Art. 2 Abs. 1 GG gleich, sondern formuliert mit der Menschenbildformel eine eigenständige Schranke.[31]

b) Das Menschenbild als Schranke des allgemeinen Persönlichkeitsrechts aus Art. 2 Abs. 1 GG

Nicht nur in bezug auf die Beschränktheit der allgemeinen Handlungsfreiheit hat das verfassungsgerichtliche Menschenbild für die Auslegung von Art. 2

---

[26] Vgl. *Peters*, Die freie Entfaltung der Persönlichkeit als Verfassungsziel, in: Festschrift Laun, S. 649-661; *ders.*, Das Recht auf freie Entfaltung der Persönlichkeit in der höchstrichterlichen Rechtsprechung, Köln/Opladen 1963.

[27] Vgl. *Peters*, Die freie Entfaltung der Persönlichkeit als Verfassungsziel, in: Festschrift Laun, S. 649 (674, 677).

[28] Vgl. *Peters*, Die freie Entfaltung der Persönlichkeit als Verfassungsziel, in: Festschrift Laun, S. 649 (677); vgl. auch *ders.*, Das Recht auf freie Entfaltung der Persönlichkeit in der höchstrichterlichen Rechtsprechung, S. 51.

[29] So etwa BVerfGE 6, 32 (36 ff.) (Elfes); 30, 173 (192 f.) (Mephisto); 32, 98 (107) (Gesundbeter).

[30] Vgl. weiter unten 5. Teil A. 2. dieser Arbeit.

[31] Vgl. 5. Teil A. 1. a) aa) (2) dieser Arbeit.

Abs. 1 GG Bedeutung erlangt. Menschenbildbezogene Äußerungen haben auch einen festen Platz in der Judikatur des Bundesverfassungsgerichts zum allgemeinen Persönlichkeitsrecht.

aa) Inhalt des allgemeinen Persönlichkeitsrechts

Das allgemeine Persönlichkeitsrecht zählt zu den sogenannten "unbenannten Freiheitsrechten", die aus Art. 2 Abs. 1 GG hergeleitet werden.[32] Im Unterschied zur allgemeinen Handlungsfreiheit schützt es die engere Lebenssphäre und die Erhaltung ihrer Grundbedingungen.[33] Nach einer Differenzierung von Schmitt Glaeser lassen sich innerhalb dieser "engeren Lebenssphäre" zwei vom allgemeinen Persönlichkeitsrecht umfaßte und geschützte Rechtspositionen unterscheiden.

Auf der einen Seite steht das Recht auf private Lebensgestaltung, auf personale Identität[34], durch das dem einzelnen Menschen ein Raum verbürgt werden soll, der grundsätzlich Zugriffen durch den Staat, insbesondere in Form von Informationserhebung, entzogen ist.[35]

Auf der anderen Seite dient das allgemeine Persönlichkeitsrecht dazu, das Recht auf Selbstdarstellung, das informationelle Selbstbestimmungsrecht zu gewährleisten[36], welches die Sicherung der sozialen Identität zum Ziel hat.[37]

Das Verhältnis des allgemeinen Persönlichkeitsrechts zum allgemeinen Freiheitsrecht aus Art. 2 Abs. 1 GG kann dabei dergestalt umschrieben werden, daß das allgemeine Persönlichkeitsrecht eine "Teilausformung des allgemeinen

---

[32] Vgl. BVerfGE 54, 148 (153) (Eppler); *Stein*, Staatsrecht, § 20 II 4c.

[33] BVerfGE 54, 148 (153) (Eppler).

[34] *Schmitt Glaeser*, Schutz der Privatsphäre, in: Isensee/Kirchhof, Handbuch des Staatsrechts der Bundesrepublik Deutschland, Band VI (Freiheitsrechte), S. 14 (59 f.).

[35] Vgl. *Schmitt Glaeser*, Schutz der Privatsphäre, in: Isensee/Kirchhof, Handbuch des Staatsrechts der Bundesrepublik Deutschland, Band VI (Freiheitsrechte), S. 14 (59 ff.), Rd. 30, 33 ff. Vgl. hierzu aus der Rechtsprechung des Bundesverfassungsgerichts BVerfGE 27, 1 ff. (Mikrozensus); 32, 373 ff. (Arztkartei); 34, 238 ff. (Tonband-Beschluß); 56, 37 ff. (Selbstbezichtigung).

[36] Vgl. *Schmitt Glaeser*, Schutz der Privatsphäre, in: Isensee/Kirchhof, Handbuch des Staatsrechts der Bundesrepublik Deutschland, Band VI (Freiheitsrechte), S. 14 (59; 65 ff.).

[37] Vgl. *Schmitt Glaeser*, Schutz der Privatsphäre, in: Isensee/Kirchhof, Handbuch des Staatsrechts der Bundesrepublik Deutschland, Band VI (Freiheitsrechte), S. 14 (59 f.). Beispiele hierzu aus der Judikatur des Bundesverfassungsgerichts bilden BVerfGE 35, 202 ff. (Lebach); 63, 131 ff. (Gegendarstellung); 65, 1 ff. (Volkszählung).

Freiheitsrechts" darstellt, die ihren "(materiellen) Wertgehalt aus Art. 1 Abs. 1 GG erhält".[38]

bb) Die Funktion des Menschenbildes im Rahmen von Ausführungen zum allgemeinen Persönlichkeitsrecht

Welche Funktion dem Menschenbild im Rahmen der Rechtsprechung des Bundesverfassungsgerichts zum allgemeinen Persönlichkeitsrecht zukommt, sei am Beispiel der Mikrozensus-Entscheidung illustriert.[39] In diesem Urteil lassen sich bei der Behandlung des allgemeinen Persönlichkeitsrechts drei gedankliche Schritte voneinander unterscheiden. Zunächst führt das Gericht aus, daß das Grundgesetz dem Bürger einen unantastbaren Bereich der Privatsphäre garantiere, in den der Staat in keiner Weise eingreifen dürfe. Die Privatsphäre, so der zweite Schritt, umfasse jedoch auch einen Bereich, der nicht dem absoluten Schutz vor Einwirkungen der öffentlichen Gewalt unterliege. Nachdem diese Differenzierung geleistet ist, werden schließlich die in Frage stehenden Vorschriften des Gesetzes über die Durchführung einer Repräsentativstatistik der Bevölkerung und des Erwerbslebens als Eingriff in den nicht absolut geschützten Bereich der Privatsphäre und im Ergebnis als verfassungsrechtlich zulässig gedeutet.[40]

Die Bezugnahmen auf das Menschenbild stehen in dieser Entscheidung im Zusammenhang mit den ersten beiden Argumentationsschritten, sie dienen der Bestimmung und Begründung des Schutzbereichs sowie der Schranken des allgemeinen Persönlichkeitsrechts.

(1) Das Menschenbild und die Schutzbereichsbestimmung beim allgemeinen Persönlichkeitsrecht

Im Mikrozensus-Urteil wird der absolute Schutz des engeren Bereichs der Privatsphäre[41] als Konsequenz des Menschenbildes gedeutet.[42] Um die Unan-

---

[38] Vgl. *Schmitt Glaeser*, Schutz der Privatsphäre, in: Isensee/Kirchhof, Handbuch des Staatsrechts der Bundesrepublik Deutschland, Band VI (Freiheitsrechte), S. 14 (56).

[39] BVerfGE 27, 1 ff; vgl. ähnlich im Argumentationsgang BVerfGE 8, 274 (328 f.) (Preisbindung).

[40] Vgl. BVerfGE 27, 1 (6-8).

[41] Die Existenz eines unantastbaren Kerns privater Lebensgestaltung hatte das Verfassungsgericht bereits in früheren Entscheidungen herausgestellt. Vgl. insbesondere

tastbarkeit dieses besonders geschützten Lebensraums zu begründen, führen die Karlsruher Richter zum einen die Menschenwürde und die Objektformel an; daneben untersagen sie, gleichfalls menschenbildbezogen argumentierend, jeglichen Eingriff in diesen Teil der Privatsphäre, "weil dem Einzelnen um der freien und selbstverantwortlichen Entfaltung seiner Persönlichkeit willen ein 'Innenraum' verbleiben muß, in dem er 'sich selbst besitzt' und 'in der er sich zurückziehen kann, zu dem die Umwelt keinen Zutritt hat, in dem man in Ruhe gelassen wird und ein Recht auf Einsamkeit genießt' (...)."[43]

(2) Menschenbild und Schranken des allgemeinen Persönlichkeitsrechts

Die Bezugnahme auf das verfassungsgerichtliche Menschenbild im Rahmen der Erörterung des allgemeinen Persönlichkeitsrechts dient freilich nicht allein dem Zweck, die Existenz eines absolut geschützten Raumes privater Lebensgestaltung zu begründen.

Das Gericht bringt im Anschluß an die Bestimmung des engeren Bereichs der Privatsphäre den gemeinschaftsbezogenen und gemeinschaftsgebundenen Bürger ins Spiel und begründet damit seine Auffassung, daß von dem absolut geschützten Bezirk der Privatsphäre ein Bereich zu unterscheiden ist, der, gleichwohl er zur Privatsphäre gehört, nur unter relativem Schutz der Verfassung steht.[44] Diese Differenzierung öffnet den Weg, Eingriffe in die Privatsphäre verfassungsrechtlich zu rechtfertigen. Wie bereits bei der Analyse der Entscheidungen zur allgemeinen Handlungsfreiheit beobachtet, wird für das allgemeine Persönlichkeitsrecht das der Menschenbildformel entstammende Moment der Gemeinschaftsgebundenheit fruchtbar gemacht, um die Grenzen des allgemeinen Persönlichkeitsrechts aufzuzeigen. Die aus dem Menschenbild deduzierte Gemeinschaftsgebundenheit firmiert als Schranke dieses Rechts. Interessanterweise greift damit das Bundesverfassungsgericht nicht auf die

BVerfGE 8, 274 (328 f.) (Preisbindung); die Formulierungen stehen hier freilich im Zusammenhang mit der allgemeinen Handlungsfreiheit und stellen eine Konkretisierung des Wesensgehalts dieses Freiheitsrechts dar. Auch wenn der Terminus des "allgemeinen Persönlichkeitsrechts" zu jener Zeit noch nicht Eingang in die Rechtsprechung des Bundesverfassungsgerichts gefunden hat, so bezeichnet dieser Wesensgehalt der allgemeinen Handlungsfreiheit nichts anderes als die engere Sphäre des allgemeinen Persönlichkeitsrechts. Vgl. auch BVerfGE 6, 32 (41) (Elfes).

[42] Vgl. die Formulierung: "Im Lichte dieses Menschenbildes (...)", BVerfGE 27, 1 (6) (Mikrozensus).

[43] Vgl. BVerfGE 27, 1 (6) (Mikrozensus).

[44] BVerfGE 27, 1 (7).

Schrankentrias des Art. 2 Abs. 1 GG zurück, um die Grenzen des allgemeinen Persönlichkeitsrechts zu bestimmen, sondern bedient sich der Gemeinschaftsgebundenheit als Grundrechtsschranke, die nach eigenem Bekunden des Gerichts aus einer Gesamtsicht verschiedener Verfassungsnormen dem Grundgesetz zu entnehmen ist.[45]

Auch in späteren Entscheidungen zum allgemeinen Persönlichkeitsrecht ist es die Gemeinschaftsbezogenheit und Gemeinschaftsgebundenheit des Menschen, mit der das Verfassungsgericht die Schranken des allgemeinen Persönlichkeitsrechts begründet. Allerdings ergänzt das Gericht diese Schrankenbestimmung mit dem Zusatz, daß Eingriffe in das allgemeine Persönlichkeitsrecht nur dann hinzunehmen sind, wenn die staatliche Maßnahme "im überwiegenden Interesse der Allgemeinheit unter strikter Wahrung des Verhältnismäßigkeitsgebots"[46] erfolgt.

2. *Das Menschenbild als allgemeine Grundrechtsschranke*

Die Verwendung des 'Menschenbildes des Grundgesetzes' als Grundrechtsschranke beschränkt sich nicht auf Art. 2 Abs. 1 GG. In der Abhör-Entscheidung[47] spricht das Bundesverfassungsgericht bezüglich der Menschenbildformel des Investitionshilfe-Urteils, die wörtlich zitiert wird[48], von "der Grundentscheidung des Grundgesetzes über die Grenzen, die den Grundrechten durch Rücksichten auf Gemeinwohl und zum Schutz überragender Rechtsgüter gezogen sind."[49] Die Menschenbildformel wird mit diesen Worten in den Rang einer allgemeinen Grundrechtsschranke erhoben. Diesen Gedanken findet man beispielsweise auch in der Mephisto-Entscheidung[50] sowie in einem Urteil aus dem Jahr 1971, in dem das Bundesverfassungsgericht, nachdem es die An-

---

[45] Vgl. BVerfGE 4, 7 (15 f.) (Investitionshilfe); a.A. *Schmitt Glaeser*, Schutz der Privatsphäre, in: Isensee/Kirchhof, Handbuch des Staatsrechts der Bundesrepbulik Deutschland, Band VI (Freiheitsrechte), S. 14 (62 f.); Schmitt Glaeser übersieht dabei jedoch, daß die Menschenbildformel nicht eine bloße Erläuterung einer der drei ausdrücklich in Art. 2 Abs. 1 GG genannten Schranken dieses Grundrechts ist; die Menschenbildformel bildet, trotz ihrer Bezogenheit auf die Schrankentrias, eine eigenständige Schranke von Art. 2 Abs. 1 GG.

[46] So BVerfGE 27, 344 (351); 32, 373 (379) (Arztkartei); 33, 367 (376 f.) (Sozialarbeiter); 34, 238 (246) (Tonband-Beschluß); ähnlich auch BVerfGE 65, 1 (43 f.) (Volkszählung).

[47] BVerfGE 30, 1 ff.

[48] BVerfGE 30, 1 (20).

[49] BVerfGE 30, 1 (20).

[50] BVerfGE 30, 173 (193); vgl. auch BVerfGE 33, 303 (334 f.) (Numerus-clausus).

wendbarkeit der Schranken von Art. 2 Abs. 1 GG auf Art. 4 Abs. 1 GG abgelehnt hat, ausführt: "Die Freiheitsverbürgung des Art. 4 Abs. 1 GG geht wie alle Grundrechte vom Menschenbild des Grundgesetzes aus, d.h. vom Menschen als eigenverantwortliche Persönlichkeit, die sich innerhalb der sozialen Gemeinschaft frei entfaltet. Diese vom Grundgesetz anerkannte Gemeinschaftsbindung des Individuums macht auch Grundrechte, die vorbehaltslos gewährleistet sind, gewissen äußersten Grenzziehungen zugänglich."[51]

Im Hinblick auf die Bedeutung des 'Menschenbildes des Grundgesetzes' als Grenzbestimmung verfassungsrechtlich gewährleisteter Freiheiten kann demnach von einer gewissen Entwicklung gesprochen werden:

Während die Menschenbildformel ursprünglich als vierte Schranke der allgemeinen Handlungsfreiheit aus Art. 2 Abs. 1 GG kreiert wurde, weitete sich nach und nach ihr Anwendungsbereich. Via Menschenbild bestimmt das Bundesverfassungsgericht später die Schranken des allgemeinen Persönlichkeitsrechts. Und schließlich löst sich das Menschenbild als Grundrechtsschranke von Art. 2 Abs. 1 GG und wird von den Karlsruher Richtern als eine jedem Grundrecht immanente Freiheitsgrenze verstanden. Diese Lösung von Art. 2 Abs. 1 GG erscheint konsequent, da der Begriff 'Menschenbild des Grundgesetzes' die Vorstellung beinhaltet, daß dieses Menschenbild in Beziehung zum gesamten Normengefüge der Verfassung, nicht nur zu einer einzelnen Vorschrift steht.

---

51 BVerfGE 32, 98 (107 f.); hinsichtlich der Bedeutung des Menschenbildes als Schranke der "schrankenlos" gewährleisteten Grundrechte aus Art. 8 Abs. 1 und Art. 9 Abs. 1 GG vgl. BVerfGE 39, 334 (367) (Extremisten-Entscheidung): "Jedes Verhalten, das als politische Meinungsäußerung gewertet werden kann, ist danach nur dann verfassungsrechtlich durch Art. 5 GG gedeckt, wenn es nicht unvereinbar ist mit der in Art. 33 Abs. 5 GG geforderten politischen Treuepflicht des Beamten. Im konkreten Fall ist dann die Vereinbarkeit oder Unvereinbarkeit der Äußerung mit der politischen Treuepflicht des Beamten nach dem Grundsatz, daß rechtlich begründete Grenzen des Art. 5 GG im Lichte des durch sie begrenzten Grundrechts auszulegen sind, zu entscheiden (...). In diesem Sinn sind die durch Art. 33 Abs. 5 GG gedeckten Regelungen des Beamten- und Disziplinarrechts allgemeine Gesetze nach Art. 5 Abs. 2 GG. 2. Entsprechendes gilt nicht nur für das Grundrecht des Art. 2 Abs. 1 GG, sondern auch für das Grundrecht des Art. 8 Abs. 1 und des Art. 9 Abs. 1 GG, bei denen zwar ein ausdrücklicher Gesetzesvorbehalt fehlt, denen aber eine 'immanente Schranke' (...) inne wohnt: 'Der Einzelne muß sich diejenigen Schranken seiner Handlungsfreiheit gefallen lassen, die der Gesetzgeber zur Pflege und Förderung des sozialen Zusammenlebens in den Grenzen des bei dem gegebenen Sachverhalt allgemein Zumutbaren zieht, vorausgesetzt, daß dabei die Eigenständigkeit der Person gewahrt bleibt' (BVerfGE 4, 7 (16); 33, 303 (334))."

II. Freiheitssicherung und Menschenbild

Wurde im voranstehenden Kapitel das Augenmerk auf die Verwendung von menschenbildbezogenen Ausführungen innerhalb der Schrankendiskussion einzelner Grundrechte gelegt, so richtet sich der Blick in diesem Kapitel auf Beispielfälle in der verfassungsgerichtlichen Judikattur, in denen die Bezugnahme auf das Menschenbild dazu dient, Freiheitsräume abzusichern. Freiheitssichernd wirkt der Rekurs auf das Menschenbild dort, wo mit seiner Hilfe der Schutzbereich eines Grundrechts konkretisiert wird.

1. Das allgemeine Persönlichkeitsrecht

Der Hauptfall für die Verwendung menschenbildbezogener Ausführungen zur Konkretisierung des Schutzbereichs eines Grundrechts wurde bereits genannt: die Existenz jenes engeren Bezirks der Privatsphäre, der absoluten Schutz vor staatlichen Eingriffen genießt, wird vom Bundesverfassungsgericht mit Hilfe von Aussagen über das Wesen des Menschen begründet und näher umrissen.[52] Daß man dort, wo das Verfassungsgericht den Schutzbereich der engeren Privatsphäre erörtert und zu konkretisieren versucht, auf menschenbildbezogenen Ausführungen stößt, ist wenig verwunderlich. Der innere Bezirk des allgemeinen Persönlichkeitsrechts umfaßt elementare, d.h. wesenhafte Züge des Menschseins, er schützt Aspekte der personalen und sozialen Identität des Menschen.[53] Diese Umschreibung deckt sich mit der Definition des Begriffs "Menschenbild", wie er dieser Arbeit zugrundegelegt wurde: das Menschenbild als Zusammenfassung von Wesenszügen des Menschen. Die Konsequenz hieraus besteht darin, daß Aussagen zum Schutzbereich der engeren Privatsphäre immer auch Aussagen über ein bestimmtes Menschenbild darstellen.

2. Andere Grundrechte

Neben der Judikatur zum allgemeinen Persönlichkeitsrecht verdienen zwei Entscheidungen des Bundesverfassungsgerichts Erwähnung, in denen das Ge-

52 Vgl. BVerfGE 27, 1 (6 f.) (Mikrozensus); 35, 202 (219 f.) (Lebach); 65, 1 (41 ff.) (Volkszählung).

53 So *Schmitt Glaeser*, Schutz der Privatsphäre, in: Isensee/Kirchhof, Handbuch des Staatsrechts der Bundesrepublik Deutschland, Band VI (Freiheitsrechte), S. 14 (59 f.).

richt anthropologisch argumentiert, um den Freiheitsraum des einzelnen zu schützen.

Die erste Entscheidung betrifft das Erziehungsrecht der Eltern aus Art. 6 Abs. 3 GG.[54] Das Bundesverfassungsgericht verteidigt dort das Elternrecht unter Hinweis auf die Verantwortlichkeit des Menschen gegen Eingriffe des Staates. Wörtlich führt das Gericht hierzu aus: "Der Gesetzgeber kann das natürliche Erziehungsrecht der Eltern nicht beliebig in seinem Inhalt beschränken. Er darf in ihr erzieherisches Ermessen nur eingreifen, soweit sein Wächteramt dies rechtfertigt, also jedenfalls dann nicht, wenn kein legitimes öffentliches Interesse an der Erziehung den Eingriff gebietet. Dies ergibt sich daraus, daß der Einzelne nach der verfassungsmäßigen Ordnung des Grundgesetzes nicht als isoliertes souveränes Einzelwesen, sondern als verantwortlich lebendes Glied der Gemeinschaft aufgefaßt wird."[55]

Bei der zweiten Entscheidung handelt es sich um das bekannte Apotheken-Urteil.[56] Hier begründet das Bundesverfassungsgericht anhand von menschenbildbezogenen Argumenten seine Ansicht, daß der Begriff "Beruf" in Art. 12 Abs. 1 GG weit zu fassen ist: "Verbürgt ist dem Einzelnen mehr als die Freiheit selbständiger Ausübung eines Gewerbes. Wohl zielt das Grundrecht auf den Schutz der - wirtschaftlich sinnvollen - Arbeit, aber es sieht sie als 'Beruf', d.h. in ihrer Beziehung zur Persönlichkeit des Menschen im ganzen, die sich erst darin voll ausformt und vollendet, daß der Einzelne sich einer Tätigkeit widmet, die für ihn Lebensaufgabe und Lebensgrundlage ist und durch die er zugleich seinen Beitrag zur gesellschaftlichen Gesamtleistung erbringt. Das Grundrecht gewinnt so Bedeutung für alle sozialen Schichten; die Arbeit als 'Beruf' hat für alle gleichen Wert und gleiche Würde. (...) Aus dieser Sicht des Grundrechts ist der Begriff 'Beruf' weit auszulegen."[57]

Rein quantitativ bleiben freilich die Entscheidungen, in denen das Bundesverfassungsgericht zur Sicherung der Freiheit des einzelnen menschenbildbezo-

---

[54] BVerfGE 7, 320 ff.

[55] BVerfGE 7, 320 (323); Bezugnahmen auf das 'Menschenbild des Grundgesetzes' finden sich noch mehrfach in Entscheidungen des Bundesverfassungsgerichts zu Art. 6 Abs. 2 GG (vgl. BVerfGE 24, 119 (144); 56, 363 (384), doch wird in diesen Entscheidungen nicht wie in BVerfGE 7, 320 (323) die Bedeutung der Eigenverantwortlichkeit der Eltern für die Auslegung von Art. 6 Abs. 2 GG betont; vielmehr beschreibt das Gericht dort mit Hilfe des Menschenbildes ein Erziehungsziel.

[56] BVerfGE 7, 377 ff.

[57] BVerfGE 7, 377 (397).

gen argumentiert, weit hinter der Zahl der Urteile zurück, in denen das Menschenbild freiheitsbegrenzend eingesetzt wird.[58]

B. Die kommentierende Funktion: Das Menschenbild als Element der inhaltlichen Konkretisierung verfassungsrechtlicher Bestimmungen

Menschenbildbezogenen Ausführungen begegnet man in den Urteilen des Bundesverfassungsgerichts nicht nur im Rahmen der Schranken- und Schutzbereichsdiskussion einzelner Grundrechte, wo sie freiheitsbegrenzende oder freiheitssichernde Wirkung entfallen. Auch dort, wo es nicht unmittelbar um Freiheitsbegrenzung oder Freiheitssicherung für den einzelnen Bürger, sondern lediglich um die inhaltliche Präzisierung einer verfassungsrechtlichen Bestimmung geht, bringt das Bundesverfassungsgericht Aspekte des Menschenbildes ins Spiel.

I. Das Menschenbild und die "freiheitlich demokratische Grundordnung des Grundgesetzes"

Eine wichtige Rolle spielen menschenbildbezogene Ausführungen im KPD-Urteil bei der Konkretisierung des Begriffs der "freiheitlich demokratischen Grundordnung" in Art. 21 Abs. 2 Satz 1 GG, dem entscheidende Bedeutung im Parteienverbotsverfahren vor dem Bundesverfassungsgericht zukommt. In dem Teil der Urteilsbegründung, der mit dem Titel "Die Unvereinbarkeit des Staats- und Gesellschaftsbildes der Diktatur des Proletariats mit der freiheitlichen demokratischen Grundordnung" überschrieben ist, stellt das Bundesverfassungsgericht das "Menschenbild des Kommunismus" dem "Menschenbild der freiheitlich demokratischen Grundordnung" gegenüber. Zum Menschenbild des Kommunismus heißt es:

"Der Mensch wird in diesem System als Mitglied einer Klasse gesehen. Er tritt zur Gesamtheit nur auf dem Weg über seine Klasse in Beziehung, die Ordnung der Gesellschaft ist im wesentlichen eine Ordnung der Klassenverhältnisse. Nach der Zugehörigkeit zu einer Klasse muß deshalb die rechtliche und

---

[58] Vgl. *Geis*, Kulturstaat und kulturelle Freiheit, S. 174; *Häberle*, Das Menschenbild im Verfassungsstaat, S. 47, der jedoch betont, daß der freiheitsorientierte Aspekt der Menschenbildformel entschieden in den Vordergrund gerückt werden müsse.

soziale Lage des Menschen entscheidend bestimmt werden. Das macht jeden Eingriff grundsätzlich zulässig, der aus der Klassenzugehörigkeit des Einzelnen und der Klassensituation im ganzen von der herrschenden Klasse hergeleitet wird. Damit tritt an die Stelle der Gleichheit aller Staatsbürger die Scheidung in 'führende', d.h. herrschende, mittels eines 'Bündnisses' 'geführte', d.h. beherrschte, und 'unterdrückte' Klassen und die Förderung oder Unterdrückung des Individuums je nach seiner Klassenzugehörigkeit oder allenfalls nach dem Maße seiner Nützlichkeit für als allgemeine gesellschaftliche Ziele."[59]

Kontrastierend hierzu führt das Bundesverfassungsgericht zur Vorstellung vom Menschen in der freiheitlich demokratischen Grundordnung aus:

"In der freiheitlichen Demokratie ist die Würde des Menschen der oberste Wert. Sie ist unantastbar, vom Staate zu achten und zu schützen. Der Mensch ist danach eine mit der Fähigkeit zu eigenverantwortlicher Lebensgestaltung begabte 'Persönlichkeit'. Sein Verhalten und sein Denken können daher durch seine Klassenlage nicht eindeutig determiniert sein. Er wird vielmehr als fähig angesehen, und es wird ihm demgemäß abgefordert, seine Interessen und Ideen mit denen der anderen auszugleichen. Um seiner Würde willen muß ihm eine möglichst weitgehende Entfaltung seiner Persönlichkeit gesichert werden."[60]

Um den Begriff der "freiheitlich demokratischen Grundordnung" näher zu charakterisieren geht das Gericht in dieser Entscheidung nicht wie in der früheren SRP-Entscheidung den Weg, eine abstrakte Definition des Begriffes zu geben und verschiedene "grundlegende Prinzipien" des Grundgesetzes als Bestandteile der freiheitlich demokratischen Grundordnung aufzuzählen.[61] Vielmehr wird die Eigenart der freiheitlich demokratischen Grundordnung anhand des ihr zugrundeliegenden Menschenbildes illustriert.

II. Das Menschenbild und der personale Grundzug einzelner Grundrechte

Erläuternd werden menschenbildbezogene Hinweise des Bundesverfassungsgerichts gelegentlich dort eingesetzt, wo bei Grundrechten, die nach Auffassung des Gerichts verschiedene Komponenten in sich vereinigen, das individualrechtliche, personale Moment des Grundrechts aufgezeigt werden soll.

---

59 BVerfGE 5, 85 (201 f.) (KPD-Urteil).
60 BVerfGE 5, 85 (204) (KPD-Uteil).
61 BVerfGE 2, 1 (12 f.) (SRP-Urteil).

Dies kann anhand der verfassungsgerichtlichen Interpretation der Vereinigungsfreiheit in der Mitbestimmungs-Entscheidung veranschaulicht werden. Das Bundesverfassungsgericht verdeutlicht in der Entscheidung die Bedeutung von Art. 9 Abs. 1 GG für die demokratische und rechtsstaatliche Ordnung des Grundgesetzes sowie den menschenrechtlichen Gehalt der Vorschrift. Im einzelnen heißt es hierzu:

"Mit dem Recht, Vereine und Gesellschaften zu bilden, gewährleistet Art. 9 Abs. 1 GG ein konstituierendes Prinzip der demokratischen und rechtsstaatlichen Ordnung des Grundgesetzes: das Prinzip freier sozialer Gruppenbildung (BVerfGE 38, 281 (302 f.)). Das soziale System des durch das Grundgesetz verfaßten Gemeinwesens soll weder in ständisch-korporativen Ordnungen, wie sie namentlich das Kennzeichen älterer Sozialordnungen waren, Gestalt gewinnen, noch in der planmäßigen Formung und Organisation durch den Staat nach den Maßstäben eines von der herrschenden Gruppe diktierten Wertsystems, wie sie den totalitären Staat der Gegenwart kennzeichnet. In diesem Prinzip sind der menschenrechtliche Gehalt der Vereinigungsfreiheit und ihre Bedeutung für die Gestaltung der Gesellschaft und des Staates eng aufeinander bezogen. Der menschenrechtliche Gehalt wird deutlich im Blick auf das Bild des Menschen, von dem das Grundgesetz in Art. 1 ausgeht; es ist nicht das des isolierten und selbstherrlichen Individuums, sondern das der gemeinschaftsbezogenen und gemeinschaftsgebundenen Person (...), die, von unverfügbarem Eigenwert, zu ihrer Entfaltung auf vielfältige zwischenmenschliche Bezüge angewiesen ist. Diese stellen sich zu einem wesentlichen Teil durch Vereinigungen her. Auch Art. 9 Abs. 1 GG ist also durch einen personalen Grundzug gekennzeichnet."[62]

Ähnlich wie in dieser Entscheidung bei Art. 9 Abs. 1 GG hat das Bundesverfassungsgericht in einem früheren Urteil verschiedene Komponenten der Informationsfreiheit aus Art. 5 Abs. 1 Satz 1 GG voneinander unterschieden. Dabei führte das Gericht zwar nicht ausdrücklich das 'Menschenbild des Grundgesetzes' an, um die individualrechtliche Dimension der Informationsfreiheit zu veranschaulichen. Doch hinter dem Argument von den "elementaren Bedürfnissen des Menschen" steht nichts anderes als eine Begründung mit Hilfe eines Menschenbildes. Die entsprechende Passage in der Entscheidung lautet:

"Für die in Art. 5 Abs. 1 Satz 1 GG gewährleistete Informationsfreiheit sind danach zwei Komponenten wesensbestimmend. Einmal ist es der Bezug zum demokratichen Prinzip des Art. 20 Abs. 1 GG: Ein demokratischer Staat kann

---

62 BVerfGE 50, 290 (353 f.) (Mitbestimmungs-Urteil).

nicht ohne freie und möglichst gut informierte öffentliche Meinung bestehen. Daneben weist die Informationsfreiheit eine individualrechtliche, aus Art. 1, Art. 2 Abs. 1 GG hergeleitete Komponente auf. Es gehört zu den elementaren Bedürfnissen des Menschen, sich aus möglichst vielen Quellen zu unterrichten, das eigene Wissen zu erweitern und sich so als Persönlichkeit zu entfalten."[63]

Ein Beispiel aus der Rechtsprechung des Bundesverfassungsgerichts zu Art. 14 GG mag diesen Aspekt menschenbildbezogener Argumentation abrunden. In einer Entscheidung aus dem Jahr 1968, in der das Gericht über die Verfassungsmäßigkeit der Überführung privater Deichgrundstücke in öffentliches Eigentum zu befinden hatte, skizzieren die Karlsruher Richter die innere Verbindung zwischen der grundrechtlichen Eigentumsgewährleistung und der persönlichen Freiheit des Einzelnen durch den Rückgriff auf Elemente des Menschenbildes:

"Art. 14 Abs. 1 Satz 1 GG gewährleistet das Privateigentum sowohl als Rechtsinstitut wie auch in seiner konkreten Gestalt in der Hand des einzelnen Eigentümers. Das Eigentum ist ein elementares Grundrecht, das in einem inneren Zusammenhang mit der Garantie der persönlichen Freiheit steht. Ihm kommt im Gesamtgefüge der Grundrechte die Aufgabe zu, dem Träger des Grundrechts einen Freiheitsraum im vermögensrechtlichen Bereich sicherzustellen und ihm damit eine eigenverantwortliche Gestaltung des Lebens zu ermöglichen."[64]

C. Die holistische Funktion: Das Menschenbild als Element einer Verfassungstheorie

Während in den beiden vorstehenden Abschnitten die Tragweite des Menschenbildargumentes für die Auslegung einzelner Verfassungsnormen, wie etwa Art. 21 Abs. 2 oder Art. 2 Abs. 1 GG thematisiert wurde, dreht es sich im folgenden darum, die Bedeutung der Menschenbildjudikatur für die Auffassung des Gerichts von der Verfassung als Ganzen aufzuzeigen.

Hierbei kann zunächst an Bekanntes angeknüpft werden.

---

63 BVerfGE 27, 71 (81).

64 BVerfGE 24, 367 (389) (Hamburger Deichordnungsgesetz).

I. Das Menschenbild als allgemeine Grundrechtsschranke

Wie an früherer Stelle bereits erwähnt, verwendet das Bundesverfassungsgericht das 'Menschenbild des Grundgesetzes' gelegentlich als allgemeine Grundrechtsschranke.[65] Dieser Einsatz des Menschenbildes wirkt vereinheitlichend und harmonisierend auf die Verfassungsinterpretation, da das Verfassungsgericht damit die Existenz einer den verschiedenen Grundrechten gemeinsamen Grenze behauptet, die dem Verfassungstext, der ganz unterschiedliche Schrankenvorbehalte für die Freiheitsgewährleistungen der einzelnen Grundrechte enthält, unmittelbar nicht zu entnehmen ist.

Der hier interessierende Aspekt der Verwendung des Menschenbildes durch das Bundesverfassungsgericht besteht jedoch nicht darin, daß das Menschenbild als allgemeine Grundrechtsschranke freiheitsbegrenzende Wirkung entfaltet. Hinzuweisen ist vielmehr darauf, daß das Menschenbild dazu dient, ein bestimmtes Grundrechts-, ja Verfassungsverständnis, das der Rechtsprechung des Bundesverfassungsgerichts zugrunde liegt, zu untermauern. Via Menschenbild versucht das höchste deutsche Gericht Zusammenänge, oder vielleicht deutlicher noch, den Zusammenhang zwischen den einzelnen Grundrechten aufzuzeigen. Die Grundrechte werden vom Verfassungsgericht nicht als isolierte, voneinander unabhängige und unverbunden nebeneinander stehende Rechtspositonen aufgefaßt, sondern als System, dessen innerer, die einzelnen Freiheitsgewährleistungen zusammenbindender Bezugspunkte im 'Menschenbild des Grundgesetzes' (und der Würde des Menschen) verortet wird.[66] Das 'Menschenbild des Grundgesetzes' als allgemeine Grundrechtsschranke stellt mithin eine Ausprägung des Verfassungsverständnisses dar, nach dem die unterschiedlichen Grundrechtsgewährleistungen als ein System, eine Einheit zu begreifen sind.

---

[65] BVerfGE 30, 1 (20) (Abhör-Urteil); 30, 173 (193) (Mephisto); 32, 98 (107 f.); 33, 303 (334) (Numerus-clausus).

[66] Wer, wie Forsthoff, auf dem Standpunkt steht, daß es zwischen "dem Gleichheitssatz, der Meinungsfreiheit, der Freizügigkeit und der Eigentumsgarantie (...) schlechterdings keinen normimmanenten systematischen Zusammenhang" (*Forsthoff*, Die Umbildung des Verfassungsgesetzes, in: Festschrift Carl Schmitt, S. 35 (40)) gibt, der steht zwangsläufig der geschilderten "systembildenden" Verwendung des Menschenbildes in der Rechtsprechung des Bundesverfassungsgerichts ablehnend gegenüber, vgl. *Forsthoff*, Die Umbildung des Verfassungsgesetzes, in: Festschrift Carl Schmitt, S. 35 (44); *ders.*, Zur heutigen Situation einer Verfassungslehre, in: Epirrhosis. Festgabe für Carl Schmitt, S. 185 (190 ff.).

II. Das Menschenbild und die Wertordnung

Diese vereinheitlichende, holistische Funktion menschenbildbezogener Ausführungen ist auch im Rahmen der Wertordnungsrechtsprechung[67] des Bundesverfassungsgerichts, in der sich häufig Bezugnahmen auf das 'Menschenbild des Grundgesetzes' finden[68], anzutreffen.

Das Bundesverfassungsgericht hat schon sehr früh die Ansicht vertreten, daß das Grundgesetz in seinem Grundrechtsteil eine objektive Wertordnung aufgerichtet hat und keine wertneutrale, sondern eine wertgebundene Ordnung darstellt.[69] Dem Rückgriff auf das Menschenbild kommt dabei im Kontext der Wertordnungsrechtsprechung eine doppelte Bedeutung zu.

Zum einen dienen menschenbildbezogene Äußerungen als Begründung dafür, daß es sich beim Grundgesetz um eine *wertgebundene* Ordnung handelt. So wird im SRP-Urteil, der ersten Entscheidung, in der das Bundesverfassungsgericht von einer Wertordnung des Grundgesetzes spricht, der Eigenwert des Menschen als einer der Werte angeführt, der das Grundgesetz als wertgebundene Ordnung konstituiert.[70]

Zum anderen setzt das Bundesverfassungsgericht das Menschenbild ein, um seine Auffassung zu fundieren, daß die einzelnen Werte zu einer "Ordnung" zusammengefaßt werden können. Wie oben bei den verschiedenen Grundrechtsgewährleistungen erscheint auch hier das Menschenbild (gemeinsam mit der Menschenwürde) als verbindendes und ordnendes Element des Wertsystems. Das Bundesverfassungsgericht spricht mehrfach davon, daß das Wertsy-

---

67 Vgl. zur Wertordnungsrechtsprechung des Bundesverfassungsgerichts *Goerlich*, Wertordnung und Grundgesetz, Baden-Baden 1973.

68 Vgl. BVerfGE 2, 1 (12) (SPR-Urteil); 7, 198 (205) (Lüth-Urteil); 12, 45 (51); 21, 362 (372) (Grundrechtsfähigkeit juristischer Personen); 33, 1 (10 f.); 34, 269 (281); 45, 187 (227) (Lebenslänglich); 52, 131 (168 f.).

69 Vgl. beispielsweise BVerfGE 7, 198 (205) (Lüth-Urteil).

70 BVerfGE 2, 1 (12) (SRP-Urteil): "Die besondere Bedeutung der Parteien im demokratischen Staat rechtfertigt ihre Ausschaltung aus dem politischen Leben nicht schon dann, wenn sie einzelne Vorschriften, ja selbst ganze Institutionen der Verfassung mit legalen Mitteln bekämpfen, sondern erst dann, wenn sie oberste Grundwerte des freiheitlichen demokratischen Verfassungsstaats erschüttern wollen. Diese Grundwerte bilden die freiheitliche demokratische Grundordnung, die das Grundgesetz innerhalb der staatlichen Gesamtordnung - der "verfassungsmäßigen Ordnung" - als fundamental ansieht. Dieser Grundordnung liegt letztlich nach der im Grundgesetz getroffenen verfassungspolitischen Entscheidung die Vorstellung zugrunde, daß der Mensch in der Schöpfungsordnung einen eigenen selbständigen Wert besitzt und Freiheit und Gleichheit dauernde Grundwerte der staatlichen Einheit sind. *Daher* (Hervorhebung nicht im Original) ist die Grundordnung eine wertgebundene Ordnung."

stem des Grundgesetzes "seinen Mittelpunkt in der innerhalb der sozialen Gemeinschaft sich frei entfaltenden menschlichen Persönlichkeit und ihrer Würde findet."[71] Menschenbild und Menschenwürde bilden gleichsam den einheitsstiftenden Bezugspunkt bzw. Mittelpunkt der Wertordnung.[72]

Vor diesem Hintergrund erscheint das Menschenbild nicht nur als Mittel der Verfassungsauslegung, sondern auch als Bestandteil der Verfassungstheorie des Bundesverfassungsgerichts.

Die vorstehende Analyse der argumentativen Funktion des Menschenbildes macht dessen vielseitige Verwendbarkeit bzw. Verwendung in der Judikatur des Bundesverfassungsgerichts deutlich. Zu Recht spricht Horst Dreier mit Blick auf das 'Menschenbild des Grundgesetzes' von einer "argumentativen Generalklausel."[73] Diese Kennzeichnung erscheint auch deshalb als treffend, weil den Entscheidungen des Bundesverfassungsgerichts so etwas wie ein "subsidiärer Einsatz" des Menschenbildarguments zu entnehmen ist. Das 'Menschenbild des Grundgesetzes' taucht beinahe durchgängig dort in der Rechtsprechung des Bundesverfassungsgerichts auf, wo es um Fragen geht, die sich allein aus dem Verfassungstext nicht eindeutig entscheiden lassen[74] und die von der verfassungsrechtlichen Dogmatik noch nicht soweit geklärt sind, als daß das Verfassungsgericht bereit wäre, sich einem Lösungsvorschlag aus der Literatur anzuschließen. Das 'Menschenbild des Grundgesetzes' wird mit Vorliebe auf dogmatisch unsicherem Terrain eingesetzt.[75]

Diese Beobachtung gilt übrigens in gleicher Weise für die verfassungsrechtliche Literatur. Auch hier werden menschenbildbezogene Argumentation und das Schlagwort "Menschenbild" nicht selten bemüht, wenn Fragen behandelt

---

[71] BVerfGE 7, 198 (205) (Lüth-Urteil); 21, 362 (372) (Grundrechtsfähigkeit von juristischen Personen); 34, 269 (281); 52, 131 (168f.).

[72] Vgl. auch *Geiger*, Menschenrecht und Menschenbild in der Verfassung der Bundesrepublik Deutschland, in: Festschrift für H.J. Faller, S. 4 (8): "Menschenbild des Grundgesetzes ist die kurze Formel, mit der ein Strukturprinzip unserer Verfassung benannt wird, das die innere Einheit dieser Verfassung mitkonstituiert."

[73] *Dreier*, Buchbesprechung: Peter Häberle, Das Menschenbild im Verfassungsstaat, in AöR 116 (1991), S. 623 (628).

[74] Dies gilt für die Funktion des Menschenbildes als Schranke der allgemeinen Handlungsfreiheit (BVerfGE 4, 7 (15 f.), als allgemeine Grundrechtsschranke, d.h. insbesondere als Schranke vorbehaltlos gewährleisteter Grundrechte, aber auch die menschenbildbezogenen Ausführungen zur Konkretisierung von Schutzbereich und Schranken des *unbenannten* Freiheitsrechts zum Schutz der "allgemeinen Persönlichkeit" aus Art. 2 Abs. 1 GG sowie zur Begründung des Gerichts, daß der Grundrechtsteil der Verfassung eine Wertordnung errichte.

[75] So auch *Dreier*, Buchbesprechung: Peter Häberle, Das Menschenbild im Verfassungsstaat, in AöR 116 (1991), S. 623 (628).

werden, die neue Problemlagen betreffen und für deren Beantwortung ein Verweis auf Normen des Grundgesetzes, eine gefestigte Rechtsprechung des Bundesverfassungsgerichts oder eine "herrschende Meinung" in der Literatur nicht möglich ist. Zwei Beispiele mögen dies illustrieren.

In der Auseinandersetzung über Chancen und Gefahren sowie verfassungsrechtliche Spielräume und Grenzen der modernen Humangenetik taucht in der verfassungsrechtlichen Literatur immer wieder der Topos des "Menschenbildes" als Maßstab für die verfassungsrechtliche Bewertung humangenetischer Forschung auf. So schreibt etwa Flämig:

"Die in Art. 1 Abs. 1 GG begründete Forderung an den Staat, zum Schutze der Menschenwürde ein gesetzliches Verbot der Gen-Forschung zu dekretieren, muß sich jedoch die Frage gefallen lassen, ob denn tatsächlich die Gen-Forschung in einer ihrer Zielsetzungen, die Vorsaussetzungen für eine humangenetische Selektion zu schaffen, die Würde des Menschen verletzen kann, so daß prophylaktisch - insbesondere mit Rücksicht auf spätere Generationen - ein gesetzliches Gen-Forschungsverbot geboten ist. Eine Antwort auf diese Frage kann nur vor dem Hintergrund des Menschenbildes unserer Verfassung gefunden werden."[76]

Auch Benda bringt in seiner Freiburger Antrittsvorlesung aus dem Jahr 1984 über die "Erprobung der Menschenwürde am Beispiel der Humangenetik"[77] immer wieder das 'Menschenbild des Grundgesetzes' als wichtigen Richtpunkt für die Diskussion über verfassungsrechtliche Probleme der modernen Humangenetik ins Spiel.[78]

Das zweite Beispiel entstammt einem gänzlich anderen Bereich: Um die Geltung des Subsidiaritätsprinzips in Fällen staatlicher Hilfen für bestimmte Wirtschaftszweige verfassungsrechtlich zu fundieren, das Subsidiaritätsprinzip als "allgemeinen Verfassungsgrundsatz" zu begründen, verweist Ingo von Münch auf die Menschenauffassung des Grundgesetzes.[79] Dabei erfolgt der Rückgriff auf das 'Menschenbild des Grundgesetzes', nachdem von Münch

---

[76] *Flämig*, Die genetische Manipulation des Menschen, S. 56.

[77] *Benda*, Erprobung der Menschenwürde am Beispiel der Humangenetik, in: Aus Politik und Zeitgeschichte, B 3/85, S. 18-36.

[78] Vgl. *Benda*, Erprobung der Menschenwürde am Beispiel der Humangenetik, in: Aus Politik und Zeitgeschichte, B 3/85, S. 18 (20; 22; 35); vgl. auch die Auseinandersetzung mit Bendas Ansatz bei *Spiekerkötter*, Verfassungsfragen der Humangenetik: insbesondere Überlegungen zur Zulässigkeit der Genmanipulation sowie der Forschung an menschlichen Ebryonen, S. 92 ff.

[79] *von Münch*, Staatliche Wirtschaftshilfe und Subsidiaritätsprinzip, JZ 1960, S. 303 (305).

einen Begründungsversuch des Subsidiaritätsprinzips aus einer Gesamtinterpretation des Grundgesetzes bzw. einer Zusammenschau bestimmter verfassungsrechtlicher Normen (Art. 1, 6, 9, 20, 79 und 28 GG) als nicht tragfähig verworfen hat.[80] Wie von Münch mißt auch Schmidt-Jortzig dem 'Menschenbild des Grundgesetzes' "entscheidende Bedeutung" für die Frage nach der Gültigkeit eines verfassungskräftigen Subsidiaritätsprinzips bei.[81] Doch interessanterweise folgert Schmidt-Jortzig aus dem 'Menschenbild des Grundgesetzes' - diametral entgegengesetzt zur Position von Münchs -, daß das 'Menschenbild des Grundgesetzes' der Annahme des Subsidiaritätsprinzips als allgemeinem Verfassungsgrundsatz entgegensteht.[82]

Es kommt an dieser Stelle nicht darauf an, daß das 'Menschenbild des Grundgesetzes' zentrales Begründungselement zweier konträrer Auffassungen ist - hiervon wird in bezug auf die Rechtsprechung des Bundesverfassungsgerichts noch später zu sprechen sein.[83] Festgehalten zu werden verdient in diesem Zusammenhang jedoch die Tatsache, daß die Argumentation mit dem 'Menschenbild des Grundgesetzes' von der verfassungsrechtlichen Literatur nicht selten dort eingesetzt wird, wo das sichere Fundament einer ausgereiften und tragfähigen dogmatischen Lösung fehlt. Die Parallele zum Menschenbildeinsatz durch das Bundesverfassungsgericht ist augenfällig.

D. Bewertung der argumentativen Funktion des 'Menschenbildes des Grundgesetzes' in der Rechtsprechung des Bundesverfassungsgerichts

Abschließend sei die Frage behandelt, ob die Verwendung des Argumentationstopos "Menschenbild" in den Entscheidungen des höchsten deutschen Gerichts positiv oder negativ zu bewerten ist.

---

80 *von Münch*, Staatliche Wirtschaftshilfe und Subsidiaritätsprinzip, JZ 1960, S. 303 (304 f.).

81 *Schmidt-Jortzig*, in: Schmidt-Jortzig/Schink, Subsidiaritätsprinzip und Kommunalordnung, S. 14 ff.

82 *Schmidt-Jortzig*, in: Schmidt-Jortzig/Schink, Subsidiaritätsprinzip und Kommunalordnung, S. 14 ff.

83 Vgl. 5. Teil D. III dieser Arbeit.

I. Skizze des jeweils verfassungsrechtlichen Problems auf abstrakter Ebene

In einer Reihe von Entscheidungen bedient sich das Bundesverfassungsgericht der Menschenbildformel und verwendet menschenbildbezogene Ausführungen, um die verfassungsrechtliche Problemlage des vom Gericht zu entscheidenden Falles auf einer abstrakten Ebene zu beschreiben. So führt das Gericht in einer Entscheidung über die Verfassungsmäßigkeit der Abschiebung eines straffällig gewordenen Ausländers, die von der Ausländerbehörde unter anderem auch auf generalpräventive Gesichtspunkte gestützt wurde, aus[84]:

"Dem Menschen kommt in der Gemeinschaft ein sozialer Wert- und Achtungsanspruch zu; deshalb widerspricht es der menschlichen Würde, den Menschen zum bloßen Objekt des Staates zu machen (...) oder ihn einer Behandlung auszusetzen, die seine Subjektiqualität prinzipiell in Frage stellt (...). Nach dem Menschenbild des Grundgesetzes ist das Individuum indessen auch gemeinschaftsbezogen und gemeinschaftsgebunden (...), wobei allerdings die Eigenständigkeit der Person gewahrt bleiben muß (...). Prüft man nach diesen Maßstäben die von den Verwaltungsgerichten bestätigte Ermessensentscheidung der Verwaltungsbehörde, so verstößt die Berücksichtigung generalpräventiver Gründe bei der Ausweisung des Beschwerdeführers weder gegen Art. 1 Abs. 1 GG noch gegen Art. 2 Abs. 1 GG in Verbindung mit dem Rechtsstaatsprinzip."

Gegen eine derartige Skizzierung des verfassungsrechtlichen Problems mit Hilfe eines Rückgriffs auf Elemente des 'Menschenbildes des Grundgesetzes' ist nicht einzuwenden. Sie verdeutlicht die widerstreitenden Interessen, die das Verfassungsgericht im konkreten Fall zu einem Ausgleich zu bringen versucht. Auf diese Weise macht das Gericht die wesentlichen Gesichtspunkte deutlich, die in seine Abwägung im jeweiligen konkreten Fall eingehen. Insoweit trägt die menschenbildbezogene Argumentation zur Überschaubarkeit und Nachvollziehbarkeit, zur Rationalität verfassungsgerichtlicher Subsumtion bei und ist in diesem Kontext positiv zu bewerten.[85]

Freilich hat das Bundesverfassungsgericht durch die abstrakte Beschreibung der verfassungsrechtlichen Fragestellung noch nicht die Lösung für den konkret

---

84 BVerfGE 50, 166 (175).

85 Vgl. hierzu auch *Häberle* (Das Menschenbild im Verfassungsstaat, S. 18), der allgemein im Blick auf "Bilder" ausführt: "Zu vermuten ist, daß wir als Juristen mit (Leit-) 'Bildern' operieren (dürfen), um die Fülle des Rechtstoffs zu ordnen, mit 'Metaphern' übergeordnete 'Grundsätze' zu erarbeiten, die heuristischen Zwecken dienen, zugleich auch 'Vorverständnisse' offenlegen und rationalisieren; systemtheoretisch gesprochen: es geht um Reduzierung vom Komplexität, um Orientierung."

zu entscheidenden Sachverhalt gefunden oder begründet. In der oben zitierten Urteilspassage drückt sich dies in der Formulierung "Prüft man nach diesen Maßstäben (...)" aus.[86]

Problematisch wird der Argumentationstopos "Menschenbild" dagegen immer dann, wenn aus dem Menschenbild unmittelbar auf ein durch die Verfassung gebotenes Ergebnis geschlossen wird.

Damit wendet sich die Untersuchung den Schwachstellen der verfassungsgerichtlichen Menschenbildrechtsprechung zu.

II. Unschärfe des Menschenbildes

Den Ausgangspunkt der Überlegungen bildet der Befund, daß das Bundesverfassungsgericht das 'Menschenbild des Grundgesetzes' mit recht unterschiedlichen Formulierungen umschreibt. Drei Beispiele mögen die Variationsbreite hinsichtlich der Bestimmung des Menschenbildes illustrieren.

Im "Urtext"[87] der Menschenbildrechtsprechung kennzeichnet das Verfassungsgericht den Menschen als gemeinschaftsbezogene und gemeinschaftsgebundene Person von unantastbarem Eigenwert.[88] Im Vergleich dazu umschreibt das Bundesverfassungsgericht das 'Menschenbild des Grundgesetzes' in einem Urteil aus dem Jahr 1958 mit den Worten, daß der Mensch vom Grundgesetz nicht "als isoliertes souveränes Einzelwesen, sondern als verantwortlich lebendes Glied der Gemeinschaft aufgefaßt" werde.[89] Und in einer Entscheidung, die zwei Jahre später erging, sprechen die Karlsruher Richter davon, daß das 'Menschenbild des Grundgesetzes' nicht das des isolierten selbstherrlichen Individuums, sondern das der in der Gemeinschaft stehenden und ihr vielfältig verpflichteten Persönlichkeit sei.[90]

---

[86] Vgl. die insoweit vom Gang der Argumentation ähnlichen Entscheidungen, in denen das 'Menschenbild des Grundgesetzes' stets als Beleg für die abstrakte Begrenztheit individueller Freiheit angeführt wird, und in denen gleichfalls im Fortgang der Entscheidungen von "Maßstäben" bzw. "Grundsätzen" gesprochen wird, die auf den Einzelfall übertragen werden müssen: BVerfGE 30, 173 (195 f.) (Mephisto); 32, 98 (107 ff.) (Gesundbeter); 33, 303 (334 f.) (Numerus-clausus); 33, 367 (376 f.); 35, 202 (225 f.) (Lebach).

[87] *Häberle*, Das Menschenbild im Verfassungsstaat, S. 45.

[88] BVerfGE 4, 7 (15 f.) (Investitionshilfe).

[89] BVerfGE 7, 320 (323).

[90] BVerfGE 12, 45 (51) (Kriegsdienstverweigerung).

Obwohl diese Formulierungen zum Teil ähnlich klingen, ist nicht zu übersehen, daß sie unterschiedliche Aspekte in den Vordergrund rücken. Und es ist in den entsprechenden Entscheidungen jeweils die Facette, die am Menschenbild besonders betont wird, die sodann auch das Ergebnis der verfassungsgerichtlichen Erwägungen mitträgt. Die Gemeinschaftsgebundenheit legitimiert die Beschränkung der allgemeinen Handlungsfreiheit[91], die Selbstverantwortlichkeit wehrt einen Eingriff des Staats in das Elternrecht ab[92] und aus der vielfältigen Verpflichtung des Menschen gegenüber der Gemeinschaft wird die Verfassungsmäßigkeit des Instituts der allgemeinen Wehrpflicht gerechtfertigt.[93]

Bedenklich an diesem argumentativen Einsatz des Menschenbildes ist der Umstand, daß die unterschiedliche Formulierung und Akzentuierung des 'Menschenbildes des Grundgesetzes' nicht als Abwägungsvorgang in der Entscheidung offengelegt wird, sondern außerhalb bzw. vor der Urteilsbegründung erfolgt. In der jeweiligen Variante des 'Menschenbildes des Grundgesetzes' spiegelt sich mithin ein Stück nicht offengelegten Vorverständnisses wider.[94] Durch das Variieren der Menschenbildformel, durch die unterschiedliche Gewichtung der einzelnen Facetten des Menschenbildes, ohne daß das Verfassungsgericht den Grund für die unterschiedlichen Nuancierungen angibt, verliert das Menschenbild an deutlichen Konturen, sein Inhalt ist ähnlich unberechenbar wie seine argumentative Funktion (was unmittelbar miteinander zusammenhängt). Letztlich entsteht dadurch der Eindruck, daß das Menschenbild als "Passepartout"[95] eingesetzt wird: mit ihm schließt sich jedes verfassungsrechtliche Probleme auf, da das Gericht das Menschenbild stets so zu formulieren vermag, wie es das angestrebte Ergebnis erfordert. Die menschenbildbezogene Argumentation erhält auf diese Weise arbiträre Züge, die den rechtsstaatlichen Begründungserfordernissen der Berechenbarkeit, Kontrollierbarkeit und Nachvollziehbarkeit widersprechen.

Diese Unberechenbarkeit des Menschenbildarguments gründet zum einen darin, daß das Menschenbild in keiner Norm der Verfassung explizit positiviert ist. Diese "Meta"-Positivität eröffnet dem Verfassungsgericht einen großen Spielraum beim Formulieren des Menschenbildes. Zum anderen hat sie ihre

---

91 BVerfGE 4, 7 (16) (Investitionshilfe).

92 BVerfGE 7, 320 (323).

93 BVerfGE 12, 45 (51) (Kriegsdienstverweigerung).

94 Vgl. zur Gefährdung rationaler und nachvollziehbarer Argumentation durch "Vor-Urteile" und "Vor-Verständnisse" *Hollerbach*, Ideologie und Verfassung, S. 37 (insbes. 54 ff.).

95 *Isensee*, Demokratischer Rechtsstaat und staatsfreie Ethik, in: Essener Gespräche zum Thema Staat und Kirche, Bd. 11 (1977), S. 92 (113).

Wurzel in der Struktur des 'Menschenbildes des Grundgesetzes', die in dieser Arbeit als janusköpfig, als ambivalent bezeichnet wurde.[96] Das Menschenbild stellt einen Entwurf des Menschen in dem Spannungsfeld zwischen der Vorstellung vom Menschen als isoliertem souveränen Individuum und dem Menschen als bloßem Glied der Gemeinschaft dar.[97] Diese dialektische Grundkonzeption des Menschenbildes, bei der beide Extreme mitschwingen, ohne daß die Spannung zwischen Individualismus und Kollektivismus entschieden wäre, begünstigt die mangelnde Berechenbarkeit des Argumentationstopos Menschenbild.[98]

III. Argumentation mit einem verkürzten Menschenbild

Die Rückbesinnung auf die zweipolige antinomische Struktur des Menschenbildes ermöglicht es, einen zweiten grundlegenden Einwand gegen die Verwendungspraxis des Argumentationstopos "Menschenbild des Grundgesetzes" in der Rechtsprechung des Bundesverfassungsgerichts zu formulieren und zu erläutern.

Nicht in allen Entscheidungen, in denen das Verfassungsgericht auf das 'Menschenbild des Grundgesetzes' zurückgreift, arbeitet das Gericht mit dem zum Teil zwar unterschiedlich akzentuierten Menschenbild, das aber immer noch die dialektische Spannung der Menschenbildformel aus der Investitionshilfe-Entscheidung erkennen läßt. In einigen Fällen wird nur eine Seite des Menschenbildes angesprochen. Dies gilt beispielsweise für das oben angesprochene Urteil zur Verfassungsmäßigkeit des Wehrpflichtgesetzes, in dem das Gericht unter anderem zu der Frage Stellung nahm, ob die Einführung der allgemeinen Wehrpflicht gegen übergeordnetes Verfassungsrecht verstoßen habe.[99] Das Bundesverfassungsgericht verneinte dies und führte hierzu aus:

"Mit den rechtlichen und geistig-politischen Prinzipien, die das Grundgesetz beherrschen, ist die allgemeine Wehrpflicht vollends vereinbar: Das Grundgesetz ist eine wertgebundene Ordnung, die den Schutz von Freiheit und Menschenwürde als den obersten Zweck allen Rechts erkennt; sein Menschenbild ist nicht das des selbstherrlichen Individuums, sondern das der in der Gemein-

---

96 Vgl. 4. Teil B. I. dieser Arbeit.

97 BVerfGE 4, 7 (15 f.).

98 In diese Richtung zielt auch die Kritik von Geis; vgl. *Geis*, Kulturstaat und kulturelle Freiheit, S. 174.

99 BVerfGE 12, 45 (50 ff.) (Kriegsdienstverweigerung).

schaft stehenden und ihr vielfältig verpflichteten Persönlichkeit. Es kann nicht grundgesetzwidrig sein, die Bürger zu Schutz und Verteidigung dieser obersten Rechtsgüter der Gemeinschaft, deren personale Träger sie selbst sind, heranzuziehen."[100]

In dieser Passage argumentiert das Gericht mit einem verkürzten Menschenbild. Denn von der Freiheit und der Würde des einzelnen wird lediglich in Verbindung mit der Wertordnung des Grundgesetzes gesprochen. In der Skizze des Menschenbildes hingegen fehlt der Hinweis auf den Eigenwert der Person; der Gegenpol zur Gemeinschaftsgebundenheit ist nicht vorhanden. Dies hat zur Folge, daß die Verfassungsmäßigkeit der Wehrpflicht unmittelbar aus dem 'Menschenbild des Grundgesetzes' hergeleitet werden kann, ohne daß es einer Abwägung zwischen Eigenwert und Gemeinschaftsgebundenheit des Menschen bedarf.

Vor dem Hintergrund der eingangs geschilderten dialektischen Grundstruktur des 'Menschenbildes des Grundgesetzes' erheben sich gegen eine derartig verkürzte, einseitige Wiedergabe des Menschenbildes Bedenken. Es ist zwar zutreffend, daß die Gemeinschaftsgebundenheit, die Verpflichtung gegenüber der Gemeinschaft in dem 'Menschenbild des Grundgesetzes' enthalten ist. Doch sie stellt lediglich *ein* Element des Menschenbildes dar. In der zitierten Urteilspassage wird aber dieses Teilstück als das Ganze ausgegeben und damit das 'Menschenbild des Grundgesetzes' substantiell verändert. Das Bundesverfassungsgericht argumentiert dort, wo es einen Pol des dialektischen Menschenbildes als das (vollständige) Menschenbild ausgibt, nicht mit einem bloß reduzierten, sondern mit einem anderen Menschenbild.[101]

Nicht immer erfolgt die Reduktion des Menschenbildes dabei zu Lasten der Facette des Eigenwerts des Menschen, wie ein Blick in die Mephisto-Entscheidung zeigt.[102]

In ihrem abweichenden Sondervotum kritisiert die Richterin Rupp von Brünneck die in ihren Augen zu restriktive Auslegung der Prüfungskompetenz

---

100 BVerfGE 12, 45 (51) (Kriegsdienstverweigerung); vgl. auch BVerfGE 28, 175 (189).

101 Für das 'Menschenbild des Grundgesetzes' gilt, was Wintrich, der Urheber der Menschenbildformel, im Hinblick auf seinen dialektisch konzipierten Rechtsgegriff gesagt hat: "Die einzelnen in ihm enthaltenen Momente können zwar methodisch voneinander getrennt werden, sie dürfen aber nicht voneinander isoliert und verselbständigt, sondern müssen stets in ihrem ihnen eigentümlichen Zusammenhang gesehen und gehalten werden." (*Wintrich*, Zur Problematik der Grundrechte, S. 9).

102 BVerfGE 30, 173 ff. (Mephisto).

des Bundesverfassungsgerichts.[103] Die Richterin wendet sich zwar gegen eine "unbeschränkte rechtliche Nachprüfung von gerichtlichen Entscheidungen um deswillen ..., weil eine unrichtige Entscheidung möglicherweise Grundrechte des unterliegenden Teils berüht."[104] Gleichzeitig befürwortet sie jedoch eine weite Prüfungszuständigkeit in den Fällen, in denen solche Grundrechte im Spiel sind, die "wesentliche Voraussetzungen der freiheitlichen Existenz und Betätigung des Einzelnen" schützen.[105] Als Begründung dafür, daß in diesen Fällen eine Prüfungskompetenz des Bundesverfassungsgerichts besteht, führt die Richterin an, daß die freiheitliche Existenz und Betätigung des Einzelnen "das Essentiale des Menschenbildes der Verfassung und ihrer darauf ausgerichteten Staatsordnung ausmachen."[106]

Hier wird das 'Menschenbild des Grundgesetzes' zugunsten des individuellen Eigenwerts des Menschen einseitig dargestellt.[107] Das Sondervotum der Richterin Rupp von Brünneck stellt mithin sowohl hinsichtlich der Auslegung der Prüfungskompetenz des Bundesverfassungsgerichts, wie auch bezüglich des 'Menschenbildes des Grundgesetzes' ein "dissenting vote" dar, wenngleich die abweichende Meinung im Blick auf das Menschenbild der Richterin wohl nicht unbedingt bewußt war.

Ein einseitige Skizze des 'Menschenbildes des Grundgesetzes' enthält auch das KPD-Urteil.[108] Zwar verwendet das Gericht in dieser Entscheidung den Begriff 'Menschenbild des Grundgesetzes' nicht explizit. Doch an zentraler Stelle der Urteilsbegründung, nämlich dort, wo die Unvereinbarkeit des kommunistischen Staats- und Gesellschaftsbilds mit der freiheitlichen demokratischen Grundordnung dargelegt wird, beschreibt das Gericht das 'Menschenbild des Grundgesetzes'.[109] Auffälligerweise vermeidet das Gericht bei dieser Schilderung des Menschenbildes die Begriffe "Gemeinschaftsbezogenheit" und "Gemeinschaftsgebundenheit". Das Gericht beschränkt sich darauf, auf die Freiheit des Menschen und seine Fähigkeit zu eigenverantwortlicher Lebensgestaltung hinzuweisen und die Konsequenzen aufzuzeigen die sich für eine

---

103 BVerfGE 30, 173 (220 ff.) (Mephisto).
104 BVerfGE 30, 173 (219) (Mephisto).
105 BVerfGE 30, 173 (220).
106 BVerfGE 30, 173 (220).
107 Die Inhaltsbestimmung des Menschenbildes durch die Richterin Rupp von Brünneck bildet dabei in augenfälligem Kontrast zur Bezugnahme auf das Menschenbild in der Urteilsbegründung der Senatsmehrheit. Dort wird das Menschenbild als Grundrechtsschranke eingesetzt (vgl. BVerfGE 30, 173 (193)).
108 BVerfGE 5, 85 ff.
109 BVerfGE 5, 85 (204 ff.).

Staatsordnung ergeben, welche sich auf dieses Menschenbild gründet. Dieses reduzierte Menschenbild läßt den Gegensatz zum Menschenbild des Kommunismus besonders deutlich hervortreten.

Versucht man, einen gemeinsamen Nenner für die beiden hier aufgezeigten Mängel des Argumentationstopos "Menschenbild" zu finden, so ist auf die dialektische Konzeption des Menschenbildes hinzuweisen.

Das Bundesverfassungsgericht formuliert in der Investitionshilfe-Entscheidung zwar, daß die Spannung Individuum - Gemeinschaft im Sinne der Gemeinschaftsbezogenheit und Gemeinschaftsgebundenheit der Person entschieden sei[110], doch wurde bereits an anderer Stelle[111] darauf hingewiesen, daß das Wort "entschieden" nicht mit "aufgelöst" gleichgesetzt werden könne.

Die widerstreitenden Momente von Eigenwert und Gemeinschaftsgebundenheit sind zwar in der "übergreifenden Einheit" des Menschenbildes zusammengefaßt. Dies bedeutet aber lediglich: "die Bändigung der oft gegensätzlichen Spannung zwischen den Momenten, aber *zugleich* ihr latentes Weiterwirken"[112] im Menschenbild. Diese Struktur des "Sowohl-als-auch"[113] des Menschenbildes bringt es mit sich, daß die Bezugnahme auf das Menschenbild wenig geeignet ist, eine Entscheidung etwa zu Lasten der individuellen Freiheit zu rechtfertigen.[114]

Eine derartige Entscheidung setzt vielmehr eine *Abwägung* zwischen den einzelnen Aspekten des Menschenbildes voraus, um im konkreten Einzelfall den Vorrang eines Elements des Menschenbildes begründen zu können. Dieser notwendige Zwischenschritt zwischen der Beschreibung des Menschenbildes und der Rechtfertigung eines freiheitssichernden oder freiheitsbegrenzenden Ergebnisses via Menschenbild fehlt überall dort, wo das Verfassungsgericht ein bestimmtes Resultat unmittelbar aus dem Menschenbild deduziert.

---

110 BVerfGE 4, 7 (15 f.) (Investitionshilfe).

111 Vgl. 4. Teil B. I. dieser Arbeit.

112 *Wintrich*, Zur Problematik der Grundrechte, S. 9 (Hervorhebung nicht im Original).

113 Vgl. *Geis*, Kulturstaat und kulturelle Freiheit, S. 174.

114 Diese Struktur ist auf der anderen Seite der Grund für die "systembildende" Einsatzmöglichkeit des Menschenbildes, da gegensätzliche Regelungen der Verfassung als Ausdruck des dialektischen Menschenbildes, in dem der Gegensatz von Individualismus und Kollektivismus (mehrdeutig) "aufgehoben" ist, gedeutet werden können.

Literaturverzeichnis

Badura, Peter: Generalprävention und Würde des Menschen, in: JZ 1964, S. 337-344.

Baruzzi, Arno: Europäisches "Menschenbild" und das Grundgesetz für die Bundesrepblik Deutschland, Freiburg/München 1979.

Benda, Ernst: "Die Würde des Menschen ist unantastbar", in: ARSP - Beiheft Nr. 22 (1985), S. 23-33.

- Die Menschenwürde, in: Benda/Maihofer/Vogel (Hrsg.), Handbuch des Verfassungsrechts, 2. Auflage, Berlin 1994, S. 161-190.

- Erprobung der Menschenwürde am Beispiel der Humangenetik, in: Aus Politik und Zeitgeschichte, Beilage zur Wochenzeitung Das Parlament, B 3/85, S. 18-36.

- Gefährdungen der Menschenwürde, Opladen 1975.

Bleckmann, Albert: Staatsrecht II, 3. erweiterte Auflage, Köln/Berlin/Bonn/München 1989.

Böckenförde, Ernst-Wolfgang: Das Bild vom Menschen in der Perspektive der heutigen Rechtsordnung, in: ders., Recht, Staat, Freiheit, Frankfurt 1991, S. 58-66.

- Freiheit und Recht, Freiheit und Staat, in: ders., Recht, Staat, Freiheit, Frankfurt 1991, S. 42-57.

- Die Bedeutung der Unterscheidung von Staat und Gesellschaft im demokratischen Sozialstaat der Gegenwart, in: ders., Recht, Staat, Freiheit, Frankfurt 1991, S. 244-262.

- Diskussionsbeitrag, in: Hofmann/Götz, Grundpflichten als verfassungsrechtliche Dimension, VVDStRL 41 (1983), S. 114-117.

Breuer, Rüdiger: Freiheit des Berufs, in: Isensee/Kirchhof (Hrsg), Handbuch des Staatsrechts der Bundesrepublik Deutschland, Band VI (Freiheitsrechte), Heidelberg 1989, S. 877-956.

Brockhaus/Wahrig: Deutsches Wörterbuch in 6 Bänden, Wiesbaden/Stuttgart 1982.

Brugger, Winfried: Grundrechte und Verfassungsrichtsbarkeit in den Vereinigten Staaten von Amerika, Tübingen 1987.

Brunner, Emil: Das Menschenbild und die Menschenrechte, in: Universitas 1947, S. 269-274, 385-390.

Denninger, Erhard: Staatsrecht, Band 1, Hamburg 1973.

Dreier, Horst: Buchbesprechung: Peter Häberle, Das Menschenbild im Verfassungsstaat, in: AöR 116 (1991), S. 623-628.

Duden. Das große Wörterbuch der deutschen Sprache in sechs Bänden, Mannheim/Wien/Zürich 1978.

Dürig, Günter: Der Grundrechtssatz von der Menschenwürde. Entwurf eines praktikablen Wertsystems der Grundrechte aus Art. 1 Abs. 1 in Verbindung mit Art. 19 Abs. 2 des Grundgesetzes, in: AöR 81 (1956), S. 117-157.

- Die Menschenauffassung des Grundgesetzes, in: JR 1952, S. 259-263.

- Zur Bedeutung und Tragweite des Art. 79 III GG (ein Plädoyer), in: ders., Gesammelte Schriften, Berlin 1984, S. 343-354.

Eckhoff, Rolf: Der Grundrechtseingriff, Köln/Berlin/Bonn/München 1992.

Emge, Carl August; Menschenbild und Menschenrecht, in: Egon Freiherr von Eickstedt u.a., Das ist der Mensch, S. 129-140, Stuttgart 1959.

Engisch, Karl: Vom Weltbild des Juristen, in: Abhandlungen der Heidelberger Akademie der Wissenschaften, Jahrgang 1950, Heidelberg 1950.

Evers, Hans Ulrich: Verfassungsrechtliche Determinanten der inhaltlichen Gestaltung der Schule, in: Krautscheidt/Marré (Hrsg.), Essener Gespräche zum Thema Staat und Kirche, Bd. 12 (1977), Münster 1977, S. 104-136.

Flämig, Christian: Die genetische Manipulation des Menschen. Ein Beitrag zu den Grenzen der Forschungsfreiheit, Baden-Baden 1985.

Forsthoff, Ernst: Die Umbildung des Verfassungsgesetzes, in: Barion u.a. (Hrsg.), Festschrift für Carl Schmitt zum 70. Geburtstag, Berlin 1959, S. 35-62.

- Zur heutigen Situation einer Verfassungslehre, in: Epirrhosis. Festgabe für Carl Schmitt, Berlin 1968, S. 185-211.

Fröhler, Ludwig / *Mörtel*, Georg: Die "Berufsbildlehre" des Bundesverfassungsgerichts, in: GewArch 1978, S. 249-259.

Geddert-Steinacher, Tatjana: Menschenwürde als Verfassungsbegriff. Aspekte der Rechtsprechung des Bundesverfassungsgerichts zu Art. 1 Abs. 1 Grundgesetz, Berlin 1990.

Geiger, Willi: Menschenrecht und Menschenbild in der Verfassung der Bundesrepublik Deutschland, in: Festschrift für H.J. Faller, 1984, S. 3-15.

Geis, Max-Emanuel: Kulturstaat und kulturelle Freiheit. Eine Unterschung des Kulturstaatskonzepts von Ernst Rudolf Huber aus verfassungsrechtlicher Sicht, Baden-Baden 1990.

Gerber, Hans: Die Sozialstaatsklausel des Grundgesetzes, in: AöR 81 (1956), S. 1-34.

Goerlich, Helmut: Wertordnung und Grundgesetz, Baden-Baden 1973.

Grabitz, Eberhard: Freiheit und Verfassungsrecht, Tübingen 1976.

Gramlich, Ludwig: Abschied vom "vorverfassungsmäßigen Gesamtbild", in: DVBl. 1980, S. 351-538.

Häberle, Peter: Das Menschenbild im Verfassungsstaat, Berlin 1988.

- Die Menschenwürde als Grundlage der staatlichen Gemeinschaft, in: Isensee/ Kirchhof (Hrsg.), Handbuch des Staatsrechts der Bundesrepublik Deutschland, Band I (Grundlagen von Staat und Verfassung), Heidelberg 1987, S. 815-861.

- Erziehungsziele und Orientierungswerte im Verfassungsstaat, Freiburg/München 1981.

- Menschenwürde und Verfassung am Beispiel von Art. 2 Abs. 1 Verf. Griechenland 1975, in: Rechtstheorie 11 (1980), S. 389-426.

- Verfassungsprinzipien als Erziehungsziele, in: Festschrift Hans Huber, 1981, S. 211-239.

Hamann, Andreas: Die Freiheit der Persönlichkeit im wirtschaftlichen Bereich, in: BB 1955, S. 105 107.

Hamel, Walter: Die Bedeutung der Grundrechte im sozialen Rechtsstaat, Berlin 1957.

Heidegger, Martin: Die Zeit des Weltbildes, in: Gesamtausgabe, Band 5, Frankfurt 1977, S. 75-113.

- Sein und Zeit, Halle 1927.

Hesse, Ernst: Die Bindung des Gesetzgebers an das Grundrecht des Art. 2 I GG bei der Verwirklichung einer "verfassungsmäßigen Ordnung", Berlin 1968.

Hesse, Konrad: Grundzüge des Verfassungsrechts der Bundesrepublik Deutschland, 19. Auflage, Heidelberg 1993.

Höfling, Wolfram: Offene Grundrechtsinterpretation. Grundrechtsauslegung zwischen amtlichem Interpretationsmonopol und privater Konkretisierungskompetenz, Berlin 1987.

Hofmann, Hasso: Das Verfassungsprinzip der Freiheit - Eine Vorlesung, in: Gedächtnisschrift für Günther Küchenhoff, Berlin 1987, S. 231-242.

- Grundpflichten als verfassungsrechtliche Dimension, VVDStRL 41 (1983), S. 42-86.

- Legitimität gegen Legalität, Neuwied/Berlin 1964.

- Menschenrechtliche Autonomieansprüche, in: JZ 1992, S. 165-173.

- Zur Lehre vom Naturzustand in der Rechtsphilosophie der Aufklärung, in: Rechtstheorie Bd. 13 (1982), S. 226-252.

Hollerbach, Alexander: Ideologie und Verfassung, in: Werner Maihofer (Hrsg.), Ideologie und Recht, 1969, S. 37-61.

Huber, Hans: Das Menschenbild im Recht, in: Rechtstheorie - Verfassungsrecht - Völkerrecht. Ausgewählte Aufsätze 1950-1970, Berlin 1970, S. 76-95.

Hubmann, Heinrich: Das Menschenbild unserer Rechtsordnung, in: Dietz/Hübner (Hrsg.), Festschrift für H.C. Nipperdey zum 70. Geburtstag, Band I, S. 37-55, München/Berlin 1965.

Ipsen, Hans Peter: Über das Grundgesetz, in: Gesammelte Beiträge seit 1949, Tübingen 1988, S. 1-37.

Isensee, Josef: Die verdrängten Grundpflichten des Bürgers, in: DÖV 1982, S. 609-618.

- Demokratischer Rechtsstaat und staatsfreie Ethik, in: Essener Gespräche zum Thema Staat und Kirche, Band 11 (1977), S. 92-118.

- Grundrechtsvoraussetzungen und Verfassungserwartungen an die Grundrechtsausübung, in: Isensee/Kirchhof (Hrsg.), Handbuch des Staatsrechts der Bundesrepublik Deutschland, Band V (Allgemeine Grundrechtslehren), Heidelberg 1992, S. 353-484.

Jellinek, Georg: Adam in der Staatslehre, in: Ausgewählte Schriften und Reden, Band 2, Berlin 1911, S. 23-44.

Kant, Immanuel: Grundlegung zur Metaphysik der Sitten, herausgegeben von Karl Vorländer, 3. Auflage 1906.

Kaufmann, Erich: Die anthropologischen Grundlagen der Staatstheorien. Bemerkungen zu Rousseau, Luther und Kant, in: Gesammelte Schriften, Band III, S. 365-374.

Kennedy, Ellen: Carl Schmitt und die "Frankfurter Schule". Deutsche Liberalismuskritik im 20. Jahrhundert, in: Geschichte und Gesellschaft 12 (1986), S. 380-419.

Kimminich, Otto: Die Entwicklung des öffentlichen Wertbewußtseins und die Verantwortung des Staates, Sekretariat der Deutschen Bischofskonferenz (Hrsg.), Arbeitshilfen 19, 1980.

Klüber, Franz: Katholische Soziallehre, 1. Band, Osnabrück 1968.

Kopp, Ferdinand: Das Menschenbild im Recht und in der Rechtswissenschaft, in: Festschrift für Obermayer, 1986, S. 53-64.

Krüger, Herbert: Verfassungsvoraussetzungen und Verfassungserwartungen, in: Festschrift für Ulrich Scheuner, Berlin 1973, S. 285-306.

Lampe, Ernst-Joachim: Das Menschenbild des Rechts - Abbild oder Vorbild?, in: ARSP-Beiheft Nr. 22 (1985), S. 9-22.

Lecheler, Helmut: Schutz vor Ehe und Familie, in: Isensee/Kirchhof (Hrsg.), Handbuch des Staatsrechts der Bundesrepublik Deutschland, Band VI (Freiheitsrechte), Heidelberg 1989, S. 211-264.

Lerche, Peter: Werbung und Verfassung, München/Berlin 1967.

Lotz, Johann Baptist: Der Christ als Person in der Gemeinschaft, in: Christliche Neuordnung von Wirtschaft und Gesellschaft, Vortragsreihe der 2. Katholischen Sozialen Woche in München 1949, München 1950, S. 10.

- Freiheit und Person, in: Stimmen der Zeit 140 (1947), S. 439-456.

Luchterhandt, Otto: Grundpflichten als Verfassungsproblem in Deutschland, Berlin 1988.

Maihofer, Walter: Rechtsstaat und menschliche Würde, Frankfurt 1968.

von *Mangoldt*, Hermann / *Klein*, Friedrich: Das Bonner Grundgesetz, Band I, 2. Auflage, Berlin/Frankfurt a.M. 1964.

von *Mangoldt*, Hermann / *Klein*, Friedrich / *Starck*, Christian: Das Bonner Grundgesetz, 3. Auflage, Band 1, München 1985.

Maurer, Hartmut: Allgemeines Verwaltungsrecht, 9. Auflage, München 1994.

Maunz, Theodor: Ringen um ein wertgebundenes Recht: Der Präsident des Bundesverfassungsgerichts Dr. Josef Marquardt Wintrich, in: JöR n.F. 33 (1984), S. 167-174.

- Stichwort "Wintrich", in: Staatslexikon der Görresgesellschaft, 6. Auflage, Band 8, Freiburg 1963, Sp. 714-716.

Maunz, Theodor / *Zippelius*, Reinhold: Deutsches Staatsrecht, 29. Auflage, München 1994.

Maunz, Theodor / *Dürig*, Günter / *Herzog*, Roman / *Scholz*, Rupert u.a.: Grundgesetz, Kommentar (Loseblatt), München, 30. Lieferung (Stand: Dezember 1992).

Müller, Friedrich: Juristische Methodik, Berlin, 4. Auflage, 1990.

Müller, Max / *Halder*, Alois: Philosphisches Wörterbuch, Freiburg 1988.

von *Münch*, Ingo (Hrsg.): Grundgesetz-Kommentar, Band 1, München, 3. Auflage, 1985.

- Staatliche Wirtschaftshilfe und Subsidiaritätsprinzip, in: JZ 1960, S. 303-306.

Naumann, Richard: Grundlagen und Grenzen der Berufsfreiheit, in: JZ 1951, S. 423-426.

von *Nell-Breuning*, Oswald: Stichwort "Katholische Soziallehre", in: Görres-Gesellschaft (Hrsg.), Staatslexikon, 3. Band, 7. Auflage, Freiburg/Basel/Wien 1987, Sp. 350-363.

Nipperdey, Hans Carl / *Wiese*, Günther: Freie Entfaltung der Persönlichkeit, in: Bettermann/Nipperdey (Hrsg.), Die Grundrechte, Band IV/2, Berlin 1962, S. 741-909.

Ossenbühl, Fritz: Probleme und Wege der Verfassungsauslegung, in: DÖV 1965, S. 649-661.

Peters, Hans: Das Recht auf freie Entfaltung der Persönlichkeit in der höchstrichterlichen Rechtsprechung, Köln/Opladen 1963.

- Die freie Entfaltung der Persönlichkeit als Verfassungsziel, in: Festschrift für Laun, Hamburg 1953, S. 669-678.

Preuss, Ulrich Klaus: Carl Schmitt und die "Frankfurter Schule": Deutsche Liberaliskritik im 20. Jahrhundert. Anmerkungen zu dem Aufsatz von Ellen Kennedy, in: Geschichte und Gesellschaft 13 (1987), S. 400.

Radbruch, Gustav: Der Mensch im Recht, in: Der Mensch im Recht. Ausgewählte Vorträge und Aufsätze über Grundfragen des Rechts, Göttingen 1957, S. 9-22.

Ramser, Urs Peter: Das Bild des Menschen im neuern Staatsrecht (Die Antinomie des Westens und des Ostens), Winterthur 1958.

Redeker, Konrad: Grenzen des allgemeinen staatlichen Inquisitionsrechts, in: DÖV 1954, S. 109-111

Ridder, Helmut: "Das Menschenbild des Grundgesetzes". Zur Staatsreligion der Bundesrepublik Deutschland, in: Demokratie und Recht 1979, S. 123-134.

- Die soziale Ordnung des Grundgesetzes, Opladen 1975.

Rommen, Heinrich: Der Staat in der katholischen Gedankenwelt, Paderborn 1935.

Rüfner, Wolfgang: Die persönlichen Freiheitsrechte der Landesverfassungen in der Rechtsprechung der Landesverfassungsgerichte, in: Christian Starck, Klaus Stern (Hrsg.), Landesverfassungsgerichtsbarkeit, Teilband III, S. 247-269.

Rupp, Hans-Heinrich: Die Unterscheidung von Staat und Gesellschaft, in: Isensee / Kirchhof (Hrsg.), Handbuch des Staatsrechts der Bundesrepublik Deutschland, Band I (Grundlagen von Staat und Verfassung), Heidelberg 1987, S. 1187-1223.

von *Savigny*, Friedrich Carl: Vom Beruf unserer Zeit für die Gesetzgebung und Rechtswissenschaft, Hildesheim 1967, reprographischer Nachdruck der Ausgabe, Heidelberg 1840.

Scheuerle, Wilhelm: Das Wesen des Wesen. Studie über das sogenannte Wesensargument im juristischen Begründen, in: AcP 163 (1963), S. 429-471.

Schindler, Dietrich: Verfassungsrecht und soziale Struktur, Zürich 1932.

Schlink, Bernhard: Freiheit durch Eingriffsabwehr - Rekontruktion der klassischen Grundrechtsfunktion, in: EuGRZ 1984, S. 457-468.

Schmidt-Jortzig, Edzard: Subsidiaritätsprinzip und Kommunalordnung, Köln/Stuttgart/Berlin/Hannover/Kiel/Mainz/München 1982.

Schmitt, Carl: Inhalt und Bedeutung des zweiten Hauptteils der Reichsverfassung, in: Anschütz/Thoma (Hrsg.), Handbuch des deutschen Staatsrechts, 2. Band, Tübingen 1932, S. 572-606.

- Verfassungslehre, Berlin 1928.

Schmitt Glaeser, Walter: Schutz der Privatsphäre, in: Isensee/Kirchhof (Hrsg.), Handbuch des Staatsrechts der Bundesrepublik Deutschland, Band VI (Freiheitsrechte), Heidelberg 1989, S. 14-107.

Schneider, Ludwig: Der Schutz des Wesensgehalts von Grundrechten nach Art. 19 Abs. 2 GG, Berlin 1983.

Schneider, Peter: In dubio pro libertate, in: Hundert Jahre deutsches Rechtsleben, Festschrift deutscher Juristentag, Band II, Karlsruhe 1960, S. 263-290.

- Zur Rechts- und Staatslehre von Dietrich Schindler (sen.), in: JöR Band 40 (1990/1992), S. 179-189.

Scholz, Rupert: Die Koalitionsfreiheit als Verfassungsproblem, München 1971.

Schwarte, Johannes: Grundfragen des menschlichen Zusammenlebens in christlicher Sicht, Paderborn 1977.

Sinzheimer, Hugo: Das Problem des Menschen im Recht, Groningen 1933.

Spiekerkötter, Jörg: Verfassungsfragen der Humangenetik: insbesondere Überlegungen zur Zulässigkeit der Genmanipulation sowie der Forschung an menschlichen Embryonen, 1989.

Stein, Ekkehart: Das Recht des Kindes auf Selbstentfaltung in der Schule, Darmstadt 1967.

- Staatsrecht, 14. Auflage, Tübingen 1993.

Stern, Klaus: Das Staatsrecht der Bundesrepublik Deutschland, Band III, 1. Halbband, München 1988.

- Idee und Elemente eines Systems der Grundrechte, in: Isensee/Kirchhof (Hrsg.), Handbuch des Staatsrechts der Bundesrepublik Deutschland, Band V (Allgemeine Grundrechtslehren), Heidelberg 1992, S. 45-100.

- Menschenwürde als Wurzel der Menschen- und Grundrechte, in: Festschrift für Hans Ulrich Scupin zum 80. Geburtstag, Berlin 1983, S. 627-642.

Suhr, Dieter: Entfaltung der Menschen durch die Menschen, Berlin 1976.

Tomuschat, Christian: Der staatlich geplante Bürger, in: Festschrift für Eberhard Menzel, Berlin 1975, S. 22-40.

Utz, Arthur-Friedolin / *Groner*, Joseph-Fulko: Aufbau und Entfaltung des gesellschaftlichen Lebens. Soziale Summe Pius XII., I. Band, Freiburg 1954.

Vitzthum, Wolfgang Graf: Die Menschenwürde als Verfassungsbegriff, in: JZ 1985, S. 201-209.

Wahl, Rainer / *Masing*, Johannes: Schutz durch Eingriff, in: JZ 1990, S. 553-563.

Weischedel, Wilhelm: Recht und Ethik, Karlsruhe 1956.

Wertenbruch, Wilhelm: Grundgesetz und Menschenwürde, Köln/Berlin 1958.

Wiesner, Joachim: Das personale Menschenbild des Grundgesetzes und seine Verformung in ausgewählten Politikfeldern (Abtreibung - Ehescheidungsrecht - Bildungspolitik), in: Luyten/Scheffczyk (Hrsg.), Veränderungen im Menschenbild, Freiburg/München 1987, S. 81-171.

Wintrich, Josef: Ansprache bei der Amtseinführung am 9. Juni 1954, in: Das Bundesverfassungsgericht, S. 5-11.

- Aufgaben, Wesen, Grenzen der Verfassungsgerichtsbarkeit, in: Festschrift für Hans Nawiasky, München 1956, S. 191-211.
- Die Bedeutung der "Menschenwürde" für die Anwendung des Rechts, in: BayVBl 1957, S. 137-140.
- Die Rechtsprechung des Bayerischen Verfassungsgerichtshofs, in: Recht Staat Wirtschaft, 4. Band (1953), S. 139-170.
- Die Verfassungsgerichtsbarkeit im Gesamtgefüge der Verfassung, in: BayVBl 1956, S. 97-100, 132-135.
- Grundfragen des Verfassungsrechts in der Rechtsprechung des Bayerischen Verfassungsgerichtshofs, in: BayVbl 1958, S. 97-101.
- Schutz der Grundrechte durch Verfassungsbeschwerde und Popularklage, Regensburg 1950.
- Über Eigenart und Methode verfassungsrechtlicher Rechtsprechung, in: Festschrift für Wilhelm Laforet, 1952, S. 227-249.
- Zur Auslegung und Anwendung von Art. 2 Abs. 1 GG, in: Festschrift für Willibalt Apelt, München/Berlin 1958, S. 1-11.
- Zur Problematik der Grundrechte, Köln/Opladen 1957.

Zeidler, Wolfgang: Ehe und Familie, in: Benda/Maihofer/Vogel (Hrsg.), Handbuch des Verfassungsrechts, 1. Auflage, Berlin/New York 1983, S. 555-607.

Zippelius, Reinhold u.a. (Bearb.): Kommentar zum Bonner Grundgesetz (Bonner Kommentar), Loseblatt, Hamburg/Heidelberg, 71. Lieferung (Stand: Oktober 1993).

FSC
www.fsc.org
MIX
Papier | Fördert gute Waldnutzung
FSC® C083411

Kolibri 360 GmbH
Ferdinand-Jühlke-Straße 7
99095 Erfurt, Deutschland
produktsicherheit@kolibri360.de